필사다이어리-북

# 펠로폰네소스 전쟁사

투퀴디데스 지음
천병희 옮김

Yearly Plan

### 필사다이어리-북의 활용법

1. 이 책은 필사를 위해 노트와 책을 따로 준비하는 번거로움을 해소하였습니다.
2. 원전 번역한 고전 텍스트를 옆에 두고 읽거나 필사하거나 다이어리로 사용할 수 있습니다.
3. 고급 제본 방식을 채택하여 나만의 필사본을 오랫동안 보관할 수 있게 하였습니다.

### 차례

프롤로그 ──────────────── 6
펠로폰네소스 전쟁에 대하여 ──────── 8
케르퀴라인들의 연설(1권 32~36장) ───── 17
코린토스인들의 연설I(1권 68~71장) ──── 27
코린토스인들의 연설II(1권 120~124장) ── 37
페리클레스의 연설(1권 140~144장) ──── 47
페리클레스의 추도사(2권 35~46장) ──── 59
멜로스 섬에서의 협상(5권 84~113장) ─── 78
니키아스와 알키비아데스의 연설(6권 9~18장) ── 96
헤르모크라테스와 에우페모스의 연설(6권 76~87장) ── 117
니키아스가 아테나이 생존자들에게 한 연설(7권 77장) ── 148

---

필사다이어리-북

# 펠로폰네소스 전쟁사

제1판 1쇄 2015년 11월 10일
지은이-투퀴디데스  옮긴이-천병희
펴낸이-강규순  펴낸곳-도서출판 숲
등록번호-제406-2004-000118호
주소-경기도 파주시 해바라기길 34
전화-(031)944-3139  팩스-(031)944-3039
E-mail-booksoop@korea.com
ISBN 978-89-91290-66-2 13890
디자인-씨디자인

이 책의 편집저작권은 도서출판 숲에 있습니다. 한국저작권위원회에 등록되어 있으며
저작권법에 의해 보호를 받는 창작물이므로 무단전재와 복제를 금합니다.

이 도서의 국립중앙도서관 출판예정도서목록(CIP)은 서지정보유통지원시스템
홈페이지(http://seoji.nl.go.kr)와 국가자료공동목록시스템(http://www.nl.go.kr/kolisnet)에서
이용하실 수 있습니다.(CIP제어번호: CIP2015027987)

필사다이어리-북

# 펠로폰네소스 전쟁사

# 필사筆寫하라,
# 고전의 숨소리를…

프롤로그

인류가 남긴 고전은 필사를 통해 퍼져나가고 연구되어왔다. 인류 역사를 놓고 볼 때 종이가 발명되기 전부터, 활자가 발명되기 전부터. 좋은 책을 만나면 그것의 필사본을 만들고 장서를 늘려갔던 시대가 동서양을 막론하고 참으로 길었다. 물론 그때는 연구도 필사에서 시작되었다.

호랑이 담배 피우던 시절의 이야기일까? 그렇지 않다. 오늘날에도 눈으로 읽는 것으로 모자라 손으로 써서 옮김으로써 더 깊이 이해하고 감동을 배가하는 독서 인구가 적지 않다. 필사는 오랜 세월 인류가 검증한 공부법인 것이다.

나는…… 책을 읽을 때는 정독精讀을 하고, 피상적인 사고로 만족하지 않고, 수다쟁이들에게 서둘러 동의하지 않게 되었다. 나는 또 루스티쿠스 덕분에 에픽테토스의 어록語錄을 알게 되었는데, 그는 자신이 가진 필사본을 나도 필사하도록 허락해주었다.(『명상록』 1권 7장 후반부)

로마 제국의 황제 마르쿠스 아우렐리우스가 필사시킬 사람이 곁에 없어서 책 한 권을 누군가에게 빌려 직접 필사를 했겠는가? 게르마니아 전선을 누비던 그가 이룬 업적이 무엇인지는 몰라도, 후세 사람들은 그를 '자신이 자신에게' 남긴 『명상록』의 저자로 알고 있다. 물론 『명상록』 또한 필사본으로 전해지며 우리에게 고전으로 남아 있다.

독서의 한 방법으로 필사가 얼마나 효과가 있는지 의문을 품더라도 그것은 금방 풀릴 의문이다. 눈으로 읽을 때 이해되지 않던 것도 손으로 읽는 수고를 통하면 술술 이해되는 경험을 하게 될 것이다. 다만 필사를 하면서까지 읽고 또 읽어 내 정신을 풍요롭게 할 수 있는 그런 텍스트가 어떤 것이냐에 초점을 맞추어야 하지 않겠는가!

그동안 번역한 그리스-로마 고전들 가운데 필사를 통해 독자들과 특별한 만남을 가질 만한 텍스트를 가려내고 다시 번역을 다듬었다. 전편全篇을 못 읽더라도 이 정도면 독자에게 충분히 그 작품의 희열을 전달할 만하다고 생각되거나 번역하면서 내 가슴에 새겨진 텍스트들이다. 마치 교향곡 전곡全曲을 듣지 않더라도 인상적인 악장만으로도 흠뻑 빠질 수 있는 것처럼,『펠로폰네소스 전쟁사』(도서출판 숲, 2011)에서 그런 명연설을 뽑아 여기에 소개한다. 호소력 짙은 연설 속에 이미 전세戰勢가 요약되어 있으며 전쟁의 긴장감이 충분히 그려져 있기 때문이다.

단지 손글씨로 옮기는 데서 멈추지 않고, 그 과정에서 아직도 어색한 부분이 발견된다면 훗날 더 완전한 번역에 반영되기를 바란다. 또한 다산과 그 제자들이 그러했듯이 이 필사 다이어리-북이 자신의 책을 집필하는 첫걸음이 되기를 바란다.

2015년 10월 30일
천병희

# 펠로폰네소스 전쟁에 대하여

**펠로폰네소스 전쟁의 배경**

기원전 5세기 초 그리스의 수많은 도시국가 가운데 스파르테와 아테나이는 가장 강대국이었는데, 그리스 본토 남부 펠로폰네소스 반도의 국가들은 대부분 스파르테가 주도하는 이른바 '펠로폰네소스 동맹'에 소속되어 있었다. 기원전 6세기 중엽 페르시아가 서아시아를 평정하고 에게 해 동안東岸의 그리스 도시국가들을 포함해 소아시아까지 정복하기 시작하자, 이 도시국가들이 이른바 '이오니아 지방의 반란'을 일으키며 본토의 그리스인들에게 도움을 요청한다.

스파르테는 그들의 요청을 거절하지만 이오니아 지방에 거주하는 이른바 이오네스족의 모국으로 자처하던 아테나이는 원군을 파견하였고, 에우보이아 섬에 있는 에레트리아 시도 원군을 보낸다. 그러나 반란을 진압한 페르시아인들은 원군을 보낸 아테나이 등을 응징한다는 핑계로 그리스 본토까지 정복하고 싶어 한다. 기원전 490년 페르시아의 침공은 아테나이와 에레트리아를 겨냥한 것으로, 에레트리아는 함락되지만 아테나이는 플라타이아이(Plataiai)군의 도움에 힘입어(스파르테군은 전투가 끝난 뒤에 도착했다) 마라톤 전투에서 페르시아군을 물리친다. 그러자 페르시아는 더욱더 아테나이와의 일전을 벼른다.

기원전 480년대 아테나이인들은 은광銀鑛에서 들어오는 막대한 수입으로 2백 척의 전함을 건조하는데(1권 14장 참조), 이는 다른 그리스 국가들이 보유한 전함을 모두 합친 것보다 많은 것이었다. 기원전 480년 페르시아가 아테나이를 응징할 겸 그리스 전체를 정복하기 위해 다시 침공해왔을 때, 스파르테는 페르시아에 부역하지 않은 도시국가들의 지도국으로 선출되었다. 아테나이는 이 국가들의 해군에 월등히 많은 함선을 제공했는데, 그 수는 '거의 3분의 2'(1권 74장 참조)까지는 아니라 하더라도 전체의 절반을 웃돌았다. 처음에

승승장구하던 페르시아군은 기원전 480년 살라미스 해전에서, 기원전 479년 플라타이아이 지상전에서 패하여 철수한다.

페르시아인들은 그 뒤 다시는 유럽을 침공하지 않았지만, 이를 장담할 수 없던 기원전 479년에는 그들을 응징하고 여전히 그 지배 아래 있는 소아시아 서부지방의 그리스인들을 해방하고 그들의 침략 야욕을 완전히 꺾어놓기 위하여 페르시아인들을 멀리 내쫓을 필요가 있었다.

이미 기원전 479년에 그리스군은 사모스 섬 맞은편의 뮈칼레 곶에 상륙하여 그곳에 있던 페르시아군을 물리쳤고, 그 뒤 같은 해 스파르테인들과 일부 동맹국이 귀국하자 아테나이인들이 다른 동맹군을 이끌고 가서 헬레스폰토스 해협의 유럽 쪽 도시 세스토스를 함락한다(1권 89장 참조). 이듬해인 기원전 478년에도 스파르테의 주도 아래 전쟁이 계속되지만, 스파르테인 사령관 파우사니아스(Pausanias)는 교만하고 모호한 처신으로 동맹군 사이에서 인심을 잃는다(1권 94~95장 참조).

그리하여 원래의 반反페르시아 동맹이 해체되지 않고 기원전 478/7년 겨울 아테나이의 주도로 대對페르시아 전쟁을 계속하기 위해 새로운 동맹이 결성된다. 그것은 그 사령부가 아폴론이 태어났다는 델로스 섬에 있어서 '델로스 동맹'이라고 불린다. 스파르테와 펠로폰네소스 반도의 다른 나라들은 이 동맹에 가입하지 않았으며 처음에는 이 동맹에 위협감을 느끼지도 않았다(1권 96~97장 참조). 델로스 동맹은 공동의 목적을 추구하는 자유국가들의 동맹으로 출발하면서 아테나이에 전권을 위임했다. 기원전 490년대의 이오니아 반란을 기억하던 회원국들은 주도국의 필요를 느꼈을 테고, 아테나이가 우월적인 지위를 이용해 자신들의 독립을 침해할까 두려워하기보다는 오히려 아테나이가 대對페르시아 전쟁에 흥미를 잃을까 더 두려웠을 것이다.

아테나이인들은 자신들의 국익을 노골적으로 추구하지는 않았지만 국익을 증진할 기회가 생기면 이를 놓치지 않았다. 동맹은 영구히 지속되도록 규정되어 있었지만 대페르시아 전쟁이 끊임없이 계속되자 동맹국들은 인내의 한계를 느꼈고, 아테나이는 고분고분하지 않은 동맹국에 책무 이행을 요구하면서 점점 위세를 부리기 시작한다. 특히 점점 더 많은 회원국이 동맹군에 함선보다는 현금(phoros '공물'로 번역)을 제공하기를 선택하거나 요구

받았는데, 그렇게 되면서 동맹국들은 점점 약화되고 아테나이는 강성해졌다(1권 98~101장 참조).

페르시아의 그리스 침공이 실패로 끝나자 아테나이인 테미스토클레스(Themistokles)는 이제 스파르테를 아테나이의 경쟁자로 간주한다(1권 90~93장 참조). 그러나 그는 정적들의 음모로 추방당하고, 델로스 동맹의 초기 전투들은 친親스파르테파인 키몬(Kimon)이 지휘한다.

라코니케 지방과 멧세니아 지방의 국가 노예들(heilotes)이 반란을 일으킨 데다 설상가상으로 기원전 465/4년에 라코니케 지방에 지진이 발생하자 스파르테인들은 아테나이를 포함하여 기원전 480~478년 대페르시아 전쟁 때의 동맹국에 도움을 요청한다. 그리하여 키몬이 상당수의 아테나이군을 이끌고 펠로폰네소스로 간다. 그런데 키몬이 출타 중이던 기원전 462/1년 페르시아에 망명해 있던 테미스토클레스의 추종자들이 정권을 장악하고 민주 개혁을 단행한다. 그들이 스파르테를 돕는 데 반대하자, 스파르테인들은 새 정부를 불신하고 키몬과 그의 군대를 돌려보낸다. 그러자 아테나이는 스파르테와 동맹관계를 단절하고 대신 그리스 본토에 있는 스파르테의 적국들과 동맹을 맺는다(1권 101~102장 참조).

기원전 460~454년 아테나이인들은 부분적으로 그리스인들이 거주하던 퀴프로스 섬과 그리스 이주민이 2백 년 동안 거주해온 이집트에서 대페르시아 전쟁을 계속하는 동시에 그리스 본토에서도 강력한 지위를 확보하기 위해 무력 충돌을 피하지 않으면서 델로스 동맹 회원국에 매번 도움을 요청한다. 그러나 이집트 원정이 참패로 끝나고 키몬이 다시 퀴프로스를 정벌하러 갔다가 전사하자 아테나이의 팽창정책은 동력을 잃게 된다.

기원전 450년대 말과 440년대 초 아테나이는 델로스 동맹 회원국 사이에서 상당히 인심을 잃었던 것으로 보이며 그중 몇몇 나라는 페르시아의 지원을 받는다. 이를 수습하는 과정에서 아테나이는 동맹의 주도국에서 제국의 지배자로 탈바꿈한다. 페르시아 세력이 에게 해에서 축출되면서 기원전 450년경 동맹 결성의 목적이었던 대對페르시아 전쟁은 사실상 끝났지만 동맹은 해체되지 않았다.

기원전 447/6년, 아테나이가 기원전 450년대 초에 그리스 내에서 획득한 속국들이 아테나이에 반란을 일으키고, 스파르테 왕 플레이스토아낙스(Pleistoanax)가 지휘하는 펠로폰네소스군이 앗티케 지방을 침공한다. 그는 아테나이를 공격하지 않고 귀국했지만 아테나이인들은 타협한다. 기원전 446/5년에 체결한 30년 평화조약에 따라 아테나이는 본토에 있는 속령屬領들을 포기하는 대신 델로스 동맹에 의한 에게 해의 지배권을 인정받는다. 그리스는 이제 스파르테가 주도하는 육지에 기반을 둔 세력권과 아테나이가 주도하는 바다에 기반을 둔 세력권으로 양분된다(1권 113~115장 참조). 그러나 그리스 본토에서의 세력 확장이 금지되자 아테나이는 남이탈리아의 투리오이와 트라케 지방의 암피폴리스 외에도 흑해 연안에 식민시들을 건설한다.

30년 평화조약과 펠로폰네소스 전쟁 사이에 벌어진 사건들 가운데 투퀴디데스가 유일하게 언급한 것은 기원전 440~439년의 아테나이와 사모스의 전쟁인데, 스파르테는 사모스를 지원하고자 했으나 코린토스가 그 계획에 반대했던 것 같다(1권 115~117장, 1권 40장 참조). 이는 30년 평화조약이 추구하던 균형이 얼마나 불안정했는지를 말해주는 대목이다.

투퀴디데스는 전쟁으로 이어지는 여러 가지 사건을 기술하면서(1권 24~88, 118~126, 139~146장 참조) 맨 먼저 코린토스와 그 식민시 케르퀴라의 전쟁을 언급하는데, 코린토스는 펠로폰네소스 동맹의 회원국 가운데 스파르테 다음으로 강력한 국가이고, 케르퀴라는 그리스 서북지방 앞바다에 있는 섬으로 어느 세력권에도 속하지 않는 중립국이다. 기원전 433년 두 나라는 아테나이에 도움을 요청한다. 그러자 아테나이는 코린토스를 약화시키되 평화조약을 직접 파기하는 것을 피하고자 케르퀴라에 한정된 원조를 제공한다.

기원전 433/2년 아테나이가 델로스 동맹 회원국으로 코린토스와 가까이 지내던 북동 지역의 포테이다이아에 압력을 가하자 포테이다이아는 반란을 일으킨다. 그곳에서 벌어진 전투에서 아테나이인들은 또다시 코린토스인들과 싸웠고, 아테나이는 비용을 많이 들인 공성전 끝에 기원전 430~429년 포테이다이아의 항복을 받는다.

아테나이와 메가라 사이에도 분쟁이 벌어지는데, 메가라가 국경 문제로 말썽을 일으키고 도주한 노예들을 숨겨주었다는 이유로 아테나이가 경제제재를 가한 것이다. 또한 기원전 450년대에 델로스 동맹에 가입하도록 강요당한 아이기나가 조약에 명시된 자율권을 주지 않는다고 불평을 털어놓자, 펠로폰네소스 동맹 회원국 가운데 코린토스가 앞장서서 아테나이의 태도를 비난하며 스파르테에 압력을 넣는다. 그리하여 마침내 기원전 432년 먼저 스파르테가, 이어서 펠로폰네소스 동맹국들이 아테나이와 전쟁을 일으켜 아테나이 제국을 허물기로 결의한다.

투퀴디데스는 케르퀴라와 포테이다이아 사건에 관해서는 상세히 기술하면서도 메가라와 아이기나 사건에 관해서는 자세히 언급하지 않는데, 아마도 아테나이가 옳다는 것을 보여주기 쉬운 사건들을 강조하고 싶었던 듯하다. 투퀴디데스는 스파르테가 전쟁을 하기로 결의한 것은 아테나이가 도저히 용납할 수 없는 과오를 저질렀기 때문이 아니라 아테나이의 세력이 점점 강성해지는 것에 위협을 느꼈기 때문이라고 세 번이나 언급하고 있다(1권 23, 88, 118장 참조).

법적으로는 펠로폰네소스인들이 침략자이며, 아테나이는 30년 평화조약을 파기하지 않으려고 조심했던 듯하다. 그러나 이에 대해 아테나이인들이 자신들의 지나친 야망을 포기하지 않으면 스파르테와의 전쟁이 불가피하다는 것을 알면서도 유리한 상황에서 전쟁을 수행하기 위해 법적으로는 정당할지 몰라도 도전적인 노선을 추구했으며, 전쟁의 원인에 관한 투퀴디데스의 진술은 공평무사하다기보다는 아테나이 쪽을 편드는 것이라고 반론을 제기할 수 있을 것이다.

여기서 '아테나이인들'은 '페리클레스'(Perikles)로 대치해도 좋을 것이다. 그는 기원전 462/1년 정적 키몬에게 승리한 민주주의자들을 이끈 지도자 중 한 명이었으며, 투퀴디데스가 그려 보여주는 것처럼 만인이 떠받드는 지도자는 아니라 해도 점점 영향력이 커져 기원전 460년경에서 429년 사이에 아테나이가 추구한 정책은 대부분 그의 정책이기 때문이다.

스파르테는 아테나이 제국을 무너뜨리고 '그리스인들의 해방'을 위해 싸운다고 주장했던 만큼 결정적인 승리가 필요했고, 아테나이는 무사히 살아남기만 하면 되었다. 스파르테는 육상 세력이고, 아테나이는 해양 세력이다(아테나이의 군세는 2권 13장에 언급되어 있다). 아테나이 동맹국들과 스파르테 쪽의 군세가 어느 정도였는지 언급되어 있지 않지만 아테나이는 함선 수에서 3 대 1로 우세했고, 스파르테는 중무장보병 수에서 3 대 1로 우세했다고 보면 무난할 것이다. 아테나이에는 숙련된 선원이 많았고, 스파르테의 군사들은 천하무적이다.

전쟁이 시작되자 스파르테는 그리스의 전통적인 전략대로 대군을 이끌고 아테나이 영토에 침입했는데, 이는 아테나이군이 성벽 밖으로 나와 대항하면 다수의 우수한 군사들로 제압하기 위해서였다. 기원전 431~428년에 이런 종류의 침입을 주도한 것은 스파르테 왕 아르키다모스(Archidamos)였다. 그래서 전쟁의 첫 단계는 그의 이름을 따서 '아르키다모스 전쟁'이라 불린다.

기원전 5세기 중반 축조된 아테나이와 페이라이에우스 항을 잇는 두 겹의 '긴 성벽들' 안쪽은 거대한 요새 구실을 충분히 하였다. 그래서 아테나이인들은 제해권을 장악하고 생필품을 수입할 돈이 있는 동안에는(2권 13장 참조) 앗티케 지방의 농사를 소홀히 하면서도 그럭저럭 지낼 수 있었다. 따라서 아테나이를 위한 페리클레스의 전략은 요새에 머물며 스파르테인들이 원하는 지상전을 하지 않는 것이었다. 투퀴디데스에 따르면, 페리클레스는 아테나이가 이미 확보한 제국은 꼭 붙잡되 제국을 더는 확장하지 않으면서 해군력을 유지하기만 하면 되리라고 생각했던 것 같다.

## 기원전 411년 이후의 그리스 역사

투퀴디데스의 『펠로폰네소스 전쟁사』는 기원전 411년 가을에서 갑자기 중단된다. 기원전 410년 아테나이는 프로폰티스 해 남안에 있는 퀴지코스에서 스파르테에 승리하고, 그동안 과두제로 대치되었던 민주제를 복원한다. 한때 아테나이가 전쟁에서 승리할 듯 보이기도 했지만 기원전 407년 페르시아인들이 스파르테를 적극 지원하기 시작했으니, 에게 해로 파견된 페르시아 왕의 차남 퀴로스(Kyros)가 스파르테 장군 뤼산드로스(Lysandros)와 긴밀히 협력하기로 약속한 것이다. 그러나 뤼산드로스 후임으로 부임한 칼리크라티다스(Kallikratidas)는 퀴로스와 원만한 협력 관계를 유지하지 못해 기원전 406년 키오스 섬과 아시아 대륙 사이에 자리 잡은 아르기누사이 섬들 근처에서 아테나이군에 패한다. 그러자 스파르테인들은 뤼산드로스를 복직시킨다. 그리고 그는 기원전 405년 헬레스폰토스 해협으로 흘러드는 아이고스포타모이 강어귀 앞바다에서 아테나이군에 결정적인 승리를 거둠으로써 헬레스폰토스 해협을 장악하여 아테나이의 주요 생필품 수입 통로를 봉쇄한다. 다시 함대를 건조하고 의장하고 선원을 승선시킬 여력이 바닥난 아테나이는 기원전 405/4년 겨울에 봉쇄되었다가 404년 봄에 항복한다. 아테나이는 제국과 '긴 성벽들'과 거의 모든 해군력을 잃고, 스파르테의 후원을 받는 과두정부가 지배하는 스파르테의 속국이 된다.

그러나 스파르테는 그리스인들에게 자유와 해방을 가져다주지 못했고, 상황을 오랫동안 좌지우지하지도 못했다. 스파르테는 투퀴디데스가 말한 기원전 430년의 아테나이인들처럼(1권 76/7장 참조) 그리스 세계에서 곧 인심을 잃는다. 기원전 403년 다시 민주정부가 들어선 아테나이는 곧 독자적인 외교정책을 추구하기 시작하며 스파르테에 불만을 품은 이전의 스파르테 동맹국들과 힘을 모아 스파르테에 대항해 다시 전쟁을 일으킨다. 스파르테는 그리스 내부의 적들과 페르시아를 동시에 대적할 수가 없었다. 그래서 기원전 386년 결국 페르시아가 다른 그리스인들의 자유와 독립을 보장하고 이들에 관해서는 스파르테가 결정권을 갖는다는 취지의 조약을 체결하는 대가로 아시아의 그리스인들을 페르시아에 넘겨준다. 스파르테는 점점 더 인심을 잃었고, 아테나이는 기원전 378년 스파르테에서 독립하려는 국가들과 새로운 동맹을 결성한다. 기원전 371~369년 스파르테는 지상전에서 테바이군에 잇달아 참패하며 그리스에서 패권을 상실한다. 아테나이는 새로운 동맹을 유지하려 했지만 테바이는 페르시아의 지원을 받아 아테나이마저 꺾으려 한다.

그 뒤 델포이의 관리 문제를 두고 '신성전쟁'이 잇달아 벌어지자 그동안 외교적 수완을 발휘하며 군사강국이 된 마케도니아의 필립포스(Philippos) 2세가 그리스 사태에 개입하기 시작하였다. 그는 기원전 338년 보이오티아 지방의 카이로네이아에서 아테나이와 테바이가 주도하던 그리스 연합군에 승리를 거두고 그리스 본토를 자신이 지휘하는 코린토스 동맹에 편입시킨다.

이미 펠로폰네소스 전쟁 기간에도 그리스인들이 동족상잔함으로써 페르시아인들에게 새로운 기회를 제공한다고 원성이 높았고, 기원전 386년 스파르테가 아시아의 그리스인들을 페르시아에 돌려준 것은 치욕으로 간주되었다. 그리스는 함께 힘을 모아 페르시아인들에게 맞서 싸웠을 때 위대했던 만큼 그리스가 새로이 위대해지려면 다시 힘을 모아 페르시아에 맞서 싸울 필요가 있다고 주장하는 사람들이 많았다. 코린토스 동맹을 주도하던 필립포스 2세는 바로 그런 전쟁을 계획했지만, 그가 암살당한 뒤 그 계획은 아들 알렉산드로스(Alexandros) 대왕(기원전 356~323년)에 의해 실행에 옮겨졌다.

## 케르퀴라인들의 연설
**(1권 32~36장)**

32  "아테나이인 여러분, 지금 우리처럼 전에 큰 덕을 베푼 적도 없고 동맹관계를 내세울 수도 없으면서 남 앞에 나타나 도움을 청하는 사람이라면 마땅히 몇 가지 전제조건을 충족시켜야 합니다. 그런 사람이라면 첫째, 도움 주는 것이 도움 주는 쪽에도 유익하며 적어도 손해는 아니라는 점을 이해시켜야 하고, 다음, 도움을 주면 도움 받는 쪽이 변함없이 고마워하리라는 점을 증명해야 합니다. 이런 점을 이해시키지 못한다면 교섭에 실패해도 화를 낼 수 없겠지요. 케르퀴라인들이 우리를 파견하여 여러분에게 도움을 청하게 한 것은 자신들이 이런 조건을 충족시킬 수 있다고 확신했기 때문입니다.

물론 지금까지 우리가 추구해온 정책은 우리가 도움을 청하는 지금 여러분에게는 일관성이 없어 보이고, 현재 우리 처지에도 불리한 것으로 보일 것입니다.

지난날 의도적으로 모든 동맹관계를 피하더니 지금 이렇게 나타나 도움을 청하는 것은 분명 일관성이 없어 보일 테고, 바로 이런 정책 탓에 지금 우리는 코린토스인들과의 전쟁에서 고립무원의 궁지에 빠졌으니 말입니다. 우리는 남들의 판단으로 위험에 말려드는 것을 피할 수 있다는 점에서 중립주의를 현명한 정책이라고 믿었는데, 지금은 그것이 어리석고 무기력한 정책으로 보입니다.

지난번 해전에서 우리는 혼자 힘으로 코린토스인들을 물리쳤습니다. 그러나 지금 그들은 펠로폰네소스와 다른 헬라스 땅에서 차출된 더 많은 군대를 이끌고 진격해오고 있습니다.

자력으로는 도저히 살아남을 수 없고,
우리가 그들의 수중에 들어가면
그 위험이 얼마나 큰지 아는 터라, 부득이
여러분과 그 밖에 누구든 다른 사람들에게
도움을 청하지 않을 수 없습니다.
그리고 우리의 고립주의는 나쁜 의도가
아니라 판단 착오에서 비롯된 만큼,
우리가 지난날의 고립주의를 포기해도
용서받을 수 있을 것입니다.

33  여러분이 부탁을 들어주신다면, 우리의
요청은 여러모로 여러분에게도 이익이 될
것입니다. 첫째, 여러분은 남을 해코지하는
것이 아니라 남에게 부당하게 공격당하는
사람을 도와주는 것입니다. 둘째, 우리는
절체절명의 위기에 놓인 만큼, 여러분이
우리를 구해주면 우리는 두고두고
고마워할 것입니다.
셋째, 우리는 헬라스에서 여러분 다음으로
막강한 해군력을 보유하고 있습니다.
생각해보십시오.

많은 돈과 호의를 베풀더라도 같은 편으로
삼고 싶던 세력이 비용과 위험을
유발하지도 않고 자진해서 여러분에게
넘어와 여러분의 아량을 세상에 널리
알리고, 여러분의 도움을 받게 될 자들로
하여금 감사하는 마음을 품게 하고, 여러분
자신을 위해서는 힘을 증강시켜준다면,
이보다 더한 이익이 어디 있으며,
여러분의 적에게 이보다 더 괴로운 일이
있겠습니까? 유사 이래 이 모든 이익이
동시에 주어진 경우는 드물었고, 도움을
청하는 세력이 자기들이 받게 될 것만큼
많은 명예와 안전을 은인에게 제공할 수
있는 경우도 드물었습니다.
여러분 중 우리가 여러분에게 도움이
될 만한 전쟁은 일어나지 않으리라고
생각하는 사람이 있다면 그는 착각하고
있습니다. 그는 라케다이몬인들이
여러분을 경계하여 전쟁을 원한다는 것과,
코린토스인들은 여러분의 적이며

라케다이몬인들에게 영향력이 크다는
사실을 간과하고 있으니까요.
코린토스인들이 우리를 먼저 공격한 것은
나중에 여러분을 공격하기 위해서입니다.
그들은 여러분과 우리가 힘을 모아
자신에게 대적하기를 원치 않습니다.
그들이 바라는 것은 늦기 전에 우리의 힘을
약화시키거나, 우리의 힘을 자신들에게
복속시키는 것입니다.
그러나 우리의 정책은 선수先手를 쓰는
것이며, 그래서 우리는 여러분이 우리의
동맹 제의를 받아들이기를 원합니다. 이런
일에는 남의 계략을 무산시키는 것보다
먼저 계략을 꾸미는 편이 더 낫습니다.

34 코린토스인들은 자신들의 식민시와 동맹을
맺을 권리가 없다고 여러분에게 이의를
제기할지 모르지만, 그렇다면
모든 식민시는 정당한 대우를 받으면
모국을 존중하지만, 부당한 대우를 받으면
외면한다는 점도 알아야 합니다.

왜냐하면 이주민은 고향에 남은 사람의 노예가 아니라 동등한 권리를 가지고서 이주하기 때문입니다. 코린토스인들은 분명 우리에게 부당한 짓을 했습니다. 우리가 에피담노스 문제를 중재판결로 해결하기를 요구했을 때, 그들은 자신들의 요구를 관철하고자 합리적인 조정보다는 전쟁을 선택했습니다.

여러분은 그들이 친족인 우리를 대하는 태도를 거울 삼아 그들의 속임수에 현혹되지 말고, 그들이 직접 요구해오더라도 양보하지 마십시오. 적에게 후회할 양보를 적게 할수록 그만큼 더 안전하기 때문입니다.

35 여러분이 중립국인 우리의 제안을 받아들인다 해도 라케다이몬인들과의 휴전조약[1]을 파기하는 것은 아닙니다. 그 조약에는 중립국인 헬라스 도시는 어느 쪽이든 원하는 편에 가담할 수 있다고 명기되어 있으니까요.

---

1  기원전 446년에 아테나이와 스파르테가 맺은 30년 평화조약을 말한다.

그리고 코린토스인들은 자신들의 동맹국과
여러분의 속국을 포함한 다른 헬라스
땅에서 선원을 모집할 수 있는데
우리는 합법적인 동맹을 맺을 수 없고
어느 곳에서도 도움을 받을 수 없다면,
설상가상으로 여러분이 우리의 요청을
들어주는 것까지 그들이 불법으로
간주하려 한다면, 이는 어불성설입니다.
여러분이 우리를 도우려 하지 않는다면
우리에게는 여러분을 비난할 더 큰
이유들이 있습니다. 그렇게 되면 여러분은
적이 아닌 우리가 위기에 빠졌을 때는
내치고, 여러분을 공격할 적인 그들은
제지하기는커녕 그들이 여러분 나라에서
힘을 빼내가도록 수수방관하는 결과가
될 테니 말입니다. 그것은 옳지 못합니다.
여러분은 코린토스인들이 여러분의
나라에서 용병을 모집하지 못하게 하거나,
적당하다고 생각되는 도움을
우리에게 주어야 합니다.

그러나 가장 좋은 방법은 여러분이 우리를 공개적으로 동맹군으로 받아들여 보호해주는 것입니다.

앞서 말했듯, 우리가 여러분에게 제공할 수 있는 이익은 한두 가지가 아닙니다. 그중 가장 큰 이익은 여러분의 적과 우리의 적이 같아 우리를 신뢰할 수 있다는 것입니다. 우리 양쪽의 적은 자기들에게 반기를 드는 자들에게 능히 해를 끼칠 수 있을 만큼 강합니다. 또한 해군을 보유한 국가와 동맹 맺기를 거절하는 것은 육군을 보유한 국가와 동맹 맺기를 거절하는 것과 전혀 다릅니다. 여러분은 되도록이면 다른 나라가 해군을 보유하지 못하게 해야 합니다. 그리고 차선책은 가장 강력한 해군 보유국을 우방으로 삼는 것입니다.

36 우리의 제의는 유리하다고 생각하지만 그렇게 하면 라케다이몬인들과의 휴전조약을 위반하는 것이 아닐까 우려되는 사람이 있다면, 그러거나 말거나

여러분은 더 강해져서 적이 여러분을 두려워하게 되겠지만, 여러분이 우리를 내친다면 아무리 자신감을 가져도 더 약해져서 강력한 적에게 두려움을 주지 못한다는 점을 알아야 합니다. 여러분은 또 여러분의 결정이 케르퀴라보다는 아테나이에 더 큰 영향을 끼칠 것이라는 점도 알아야 합니다.

사실상 시작된 것이나 다름없는 전쟁을 앞두고 지금 코앞의 상황만 보고, 친구가 되면 더없이 이롭지만 적이 되면 더없이 위험한 케르퀴라 같은 세력을 한편으로 삼기를 망설인다면 여러분은 분명 아테나이를 위해 미리 대비하지 못하는 것입니다. 다른 이점은 제쳐두고라도 케르퀴라는 이탈리아와 시켈리아로 건너가는 항로의 요충지에 자리 잡고 있어, 해군이 그쪽에서 펠로폰네소스로 증파되거나 펠로폰네소스에서 그쪽으로 증파되는 것을 막기에 적합합니다.

간단히 말해 이런 사실은 왜 여러분이
우리를 외면해서는 안 되는지 말해줍니다.
헬라스에는 주요 해군 보유국이 셋 있는데,
바로 아테나이와 케르퀴라와
코린토스입니다. 만약 코린토스가 먼저
우리를 제압해 셋 가운데 둘이 하나가 되게
내버려둔다면, 여러분은 케르퀴라와
펠로폰네소스의 연합 함대와 싸워야 할
것입니다. 그러나 여러분이 우리를
동맹군으로 받아들인다면, 그들과 싸울 때
여러분의 함대는 우리의 함대만큼 증강될
것입니다."

## 코린토스인들의 연설 I
**(1권 68~71장)**

68 "라케다이몬인들이여, 여러분은 자신의 정체政體와 사회제도를 과신한 나머지 우리가 무슨 의견을 개진해도 다른 나라 사람의 말에는 도무지 귀를 기울이려 하지 않습니다. 여러분이 신중한 것은 맞지만, 그만큼 외교에 능하지 못한 것도 사실입니다. 전부터 아테나이가 우리에게 어떤 해악을 끼칠 것인지 누차 설명했건만, 여러분은 귀담아 듣는 대신 우리가 그렇게 말하는 것은 사적인 원한 때문이라고 번번이 우리의 동기를 의심했습니다. 그래서 여러분은 피해를 보기 전이 아니라 피해를 보고 나서야 동맹국을 이곳으로 소집한 것입니다. 이 동맹국 중에서도 아테나이인들에게 모욕당하고 여러분에게 버림받은 우리가 불평불만이 가장 많은 만큼 맨 먼저 발언할 자격이 있습니다.

아테나이인들이 헬라스를 공격하고도 이를 은폐하려 한다면, 여러분이 모를 수 있으니 우리가 설명해야 되겠지요. 하지만 아테나이인들이 우리 동맹국을 포함한 몇몇 나라를 이미 종속시켰고, 몇몇 나라를 종속시키려 하고 있으며, 또 오래전부터 전쟁에 대비하는 것을 여러분이 목격하고 있는 마당에, 무슨 긴말이 필요하겠습니까? 그렇지 않다면 그들은 케르퀴라를 우리한테서 억지로 빼앗아가지 않았을 것이며, 포테이다이아를 포위 공격하고 있지도 않을 것입니다. 포테이다이아는 트라케 지방을 제압하는 데 가장 편리한 기지이고, 케르퀴라는 펠로폰네소스인들에게 막강한 함대를 제공했을 것입니다.

69 그 책임은 여러분에게 있습니다. 첫째, 여러분은 페르시아 전쟁이 끝난 뒤 아테나이인들이 자신들의 도시를

요새화하는 것²을 허용했고, 나중에는
긴 성벽 쌓는 것³을 묵인했습니다. 그리고
그 뒤로 오늘날까지 여러분은 여전히
아테나이에 예속된 나라들뿐 아니라
자신의 동맹국에도 자유를 유보하고
있습니다. 누가 자유를 빼앗겼다면, 그것은
자유를 빼앗는 자보다 그러지 못하게 막을
힘이 있으면서도 수수방관하는
자 탓입니다. 그가 헬라스의 해방자라는
명성을 누리고 있다면 더욱 그러합니다.
우리는 이제야 겨우 한자리에 모였지만,
어떻게 해야 할지는 아직 정하지
않았습니다. 지금은 우리가 부당한 짓을
당했는지 여부를 따질 때가 아니라 어떻게
그것을 되갚아줄지 의논해야 할 때입니다.
우리가 대응책을 정하지 못하는 사이,
적들은 계획을 세우고 거리낌 없이
다가오기에 하는 말입니다.
우리는 아테나이인들이 어떤 방법으로
이웃나라들을 잠식하는지 알고 있습니다.

---

2  기원전 479년 축조된 아테나이와 페이라이에우
   스 항을 연결하는 성벽을 말한다.
3  여기서는 기원전 457년경에 축조된 아테나이와
   페이라이에우스 항을, 아테나이와 팔레론 항을
   연결하는 두 성벽을 말한다.

그들은 여러분이 물정에 어두워 자기들이 들키지 않았다 싶으면 덜 대담하게 나오겠지만, 여러분이 알면서도 아무 조치를 취하지 않는다 싶으면 세차게 밀어붙일 것입니다.

라케다이몬인들이여, 헬라스인들 가운데 여러분만이 가만히 앉아서 행동이 아닌 지연전술로 자신을 방어하고 있습니다. 여러분만이 적의 세력이 커지기 시작할 때 제압하지 않고 두 배로 커지기를 기다리고 있습니다. 그런데도 여러분은 '믿음직하다'고 평가받곤 했지요. 하지만 그것은 허울 좋은 명성으로 드러났습니다. 모두 알다시피 페르시아인들은 대지의 끝에서 다가와 여러분이 효과적으로 대응하기 전에 펠로폰네소스에 도착했습니다. 아테나이인들은 페르시아인들과 달리 여러분 가까이 살고 있건만 여러분은 못 본 척하며, 공격하는 대신 공격해오기를 기다리고,

그렇게 함으로써 훨씬 더 강해진 적과 싸우게 되어 자신의 운명을 운에 맡기고 있습니다. 아시다시피 페르시아인들이 진 것은 그들 자신의 실수 탓이며, 우리가 아테나이인들의 공격을 버텨낸 것은 여러분의 도움 덕분이 아니라 그들의 실수 탓입니다. 여러분을 믿고 준비하지 않았다가 망한 나라가 한둘이 아니기에 하는 말입니다. 여러분 가운데 어느 누구도, 우리가 적의에서 이런 말을 한다고 생각지 마십시오. 이건 일종의 간언諫言입니다. 간언은 친구가 실수할 때 하는 것이고, 적의는 나쁜 짓을 저지른 적에게 품는 것이기 때문입니다.

70 그 밖에 누가 이웃을 비난할 자격이 있다면 우리야말로 그럴 자격이 있다고 생각합니다. 라케다이몬인과 아테나이인 사이에는 큰 차이가 있는데도 여러분은 그 점을 모르는 것 같으니 말입니다.

여러분은 또 여러분이 맞서 싸우게 될 아테나이인들이 어떤 사람들이며, 그들이 모든 점에서 여러분과 얼마나 다른지 따져보지 않은 것 같습니다.
그들은 진취적이며, 계획을 세우고 계획한 것을 실행하는 데 민첩합니다. 그러나 여러분은 보수적이고 창의력이 부족하며 행동함에도 목표를 달성하지 못하곤 합니다. 또 아테나이인들은 능력 이상으로 저돌적이고, 상식 밖의 모험을 하며, 역경에 맞닥뜨려도 낙천적입니다. 그러나 여러분의 특징은 능력 이하로 행동하고, 건전한 상식도 불신하며, 역경이 언제까지나 지속되리라고 비관합니다. 여러분이 주춤거리는 반면 그들은 주저하지 않으며, 여러분이 집에만 틀어박혀 있는 반면 그들은 바깥세상을 떠돌아다닙니다. 그들은 바깥세상으로 나가면 무언가 얻을 것이 있다고 믿지만, 여러분은 집을 비우면 가진 것조차 잃게 되지 않을까 염려합니다.

그들은 이기면 적을 되도록 멀리
추격하지만, 지면 되도록 조금 물러납니다.
아테나이인들은 또 자신의 몸을 자기 것이
아닌 양 나라를 위해 초개같이 버리지만,
지성은 나라에 유익한 일을 하기 위해
자기 것으로 가꿉니다.[4]
그들은 계획한 것을 실행하지 못하면
가진 것을 잃어버린 것으로 여기고,
성공하여 이익이 나면 그것을 앞으로 얻게
될 것에 견주어 미미한 것으로 여깁니다.
그리고 무엇을 시도하다가 실패하면
새로운 희망으로 금세 그 틈을 메웁니다.
오직 그들만이 무엇을 원하자마자 곧바로
가진다고 말할 수 있습니다. 그들은
결정하면 그 즉시 실행에 옮기니까요.
이런 식으로 평생 동안 애쓰고 노력합니다.
언제나 더 많은 것을 얻느라 가진 것을 즐길
여가도 없고, 필요한 일을 하는 것 말고는
다른 축제를 알지 못합니다.

---

[4] 스파르테인들이 몸을 가꾸고 지성을 소홀히 하는
것과는 달리.

그들에게는 일하지 않고 편안히 지내는 것이 힘겨운 노고보다 더 큰 고통입니다. 따라서 누가 한마디로 그들은 날 때부터 자신은 물론 남도 가만히 내버려두지 못하는 자들이라고 말한다면, 그는 옳은 말을 하는 것입니다.

71 라케다이몬인들이여, 이런 나라가 여러분과 맞서건만, 여러분은 여전히 머뭇거리고 있습니다. 지속적인 평화란 옳은 일을 위해 힘을 사용하되 불의는 결코 용납하지 않겠다는 결의를 분명히 보이는 사람에게만 주어진다는 것을 모른단 말입니까. 그런데도 여러분은 오히려 남에게 피해 주지 않고, 자기방어를 위해서도 자신이 피해 입지 않는 것을 공정한 태도라고 생각하고 있습니다. 그러한 정책은 여러분과 같은 원칙을 지키는 이웃나라에 대해서도 성공을 거두기 어려운데, 방금 지적했듯, 지금 여러분의 생활 방식은 아테나이인들에 견주면 시대에 뒤떨어졌습니다.

기술이나 정치나 새로운 것이 낡은 것보다 항상 우세하게 마련입니다. 평화스러운 도시에는 전통적인 관습이 최선이겠지만, 수많은 문제에 대처해야 하는 곳에서는 개혁이 필요합니다. 그래서 아테나이인들은 이 방면의 풍부한 경험을 바탕으로 여러분보다 더 적극적으로 정체를 개혁한 것입니다.
그러니 여러분, 이제 그만 늑장 부리십시오. 이미 약속한 대로, 여러분의 동맹국, 특히 포테이다이아에 도움을 주고, 당장 앗티케로 쳐들어가십시오. 그래야만 여러분은 친구와 친족을 가장 고약한 적의 손에 넘기지 않을 것이고, 우리는 절망한 나머지 다른 나라[5]와 동맹을 맺는 일이 벌어지지 않을 것입니다.
만약 그렇게 하더라도 우리가 그 이름으로 맹세한 신들과 우리 처지를 알 만한 사람들 눈에 부당 행위를 하는 것으로 비치지는 않을 것입니다.

5   예컨대 스파르테의 숙적으로 펠로폰네소스 동맹에 가입하지 않은 아르고스와.

동맹을 깬 책임은 고립무원의 궁지에 빠져
다른 자들과 손잡는 쪽이 아니라
도와주겠다고 맹세해놓고 약속을
지키지 않는 쪽에 있으니까요.
그러나 여러분이 개입하기로 결단을
내리면 우리는 여러분 곁에 머무를
것입니다. 여러분이 결단을 내린다면
우리가 친구를 바꾸는 것은 불경한 짓이
될 것이며, 또 여러분보다 더 든든한 친구를
찾을 수도 없을 것입니다. 우리는 할 말을
다 했으니, 여러분은 올바른 결단을 내려
선조에게서 물려받은 그대로
펠로폰네소스의 위대한 지도자가
되어주십시오."

## 코린토스인들의 연설 II
(1권 120~124장)

120 "동맹국에서 파견된 여러분, 우리는 이제 더는 라케다이몬인들을 나무랄 수 없습니다. 그들은 벌써 전쟁을 하는 쪽으로 투표했고, 그들이 우리를 이곳에 소집한 것은 우리 역시 그쪽으로 투표하게 하기 위해서입니다. 그도 그럴 것이 동맹의 맹주는 남들처럼 자신의 이익도 챙기되, 남들보다 더 존경받는 만큼 무엇보다도 공동의 이익을 챙겨야 하기 때문입니다. 이제 우리 중 아테나이인들과 거래해본 이들에게 아테나이를 조심하라고 경고할 필요는 없습니다. 그러나 내륙이나 통상로에서 떨어진 곳에 사는 이들이 해안도시들을 보호해주지 않는다면 자신들의 농산물을 수출하고 대신 바다가 육지에 제공하는 물자들을 수입하기가 어려워진다는 점을 알아야 합니다.

그들은 우리가 여기서 논의하는 것이
자신들과 무관하다고 오판해서는 안 되며,
해안도시들을 위험에 내맡길 경우 결국
자신에게 닥칠 위험도 각오해야 합니다.
그러니 이 논의는 우리 이익 못지않게
그들의 이익과도 관계되는 것입니다.
따라서 그들은 평화 대신 전쟁을
선택하기를 망설여서는 안 됩니다.
현명한 자는 공격당하지 않는 한 분명
평온한 삶을 택합니다. 용감한 자는
공격당하면 평화를 버리고 전쟁을
택하지만 적당한 기회에 전쟁을 멈추고
다시 화해합니다. 그런 사람은 전쟁에서
성공했다고 우쭐대지도 않고, 평화와
평온한 삶을 즐기려고 공격당하고도
가만있지 않습니다. 자신의 즐거움 때문에
싸우기를 망설이는 자는 십중팔구
그 우유부단함 때문에 그를 망설이게 한
바로 그 즐거움을 잃게 될 것입니다. 한편
전쟁에서 성공했다고 잘난 체하는 자는

자신이 공허한 자신감에 우쭐대고 있다는 것을 모릅니다. 사실 나쁜 전술도 흔히 적군이 더 어리석으면 성공을 거둡니다. 더 훌륭해 보이는 계획이 비참하게 실패로 끝나는 경우는 더 많습니다. 계획을 세울 때의 자신감과 계획의 실행 사이에는 현격한 차이가 있게 마련입니다. 계획을 세울 때는 자신만만하지만, 막상 실행할 때는 두려움이 앞서 계획대로 되지 않기 때문입니다.

121 이번에 우리는 공격을 당한 만큼 전쟁을 일으킬 충분한 명분이 있으며, 일단 아테나이인들을 물리친 뒤에는 적절한 시기에 전쟁을 끝낼 것입니다.
이 전쟁은 십중팔구 우리가 이길 것입니다. 첫째, 인원과 전투 경험에서 우세합니다. 둘째, 우리는 하나같이 명령에 복종합니다. 셋째, 그들의 강점인 함대에 맞서 우리도 각 동맹국이 사용할 수 있는 자금과 델포이와 올륌피아의 신전 기금으로 함선을 건조할 것입니다.

우리가 거기에서 돈을 차용하면 아테나이 해군으로 근무하는 이방인 선원을 더 높은 보수를 주고 데려올 수 있을 테니까요. 아테나이의 힘은 시민보다는 용병에게 달려 있기 때문입니다. 반면 우리의 힘은 돈이 아니라 사람에게 달려 있으므로, 우리 선원들은 더 높은 보수를 주고도 데려갈 수 없습니다.

해전에서 한번 패하면 그들은 십중팔구 끝장날 것입니다. 설령 그들이 버틴다 해도 우리는 더 많은 시간을 들여 해전 훈련을 할 것입니다. 그리고 우리가 일단 기술에서 대등해지면 용기에서 그들을 능가한다는 것은 의심의 여지가 없습니다. 그들은 우리가 타고난 좋은 자질을 습득할 수 없지만, 그들의 수준 높은 기술은 우리가 훈련으로 익힐 수 있기 때문입니다. 그러자면 돈이 필요할 텐데, 그 돈은 우리가 갹출하면 될 것입니다.

아테나이의 동맹국들은 그러한 노예 상태를 유지하기 위해서조차 계속 분담금을 지불하거늘, 우리는 살아남아 복수하는 데조차 비용 대기를 망설인다면 이는 실로 부끄러운 일입니다. 우리가 비용을 대야만 그들이 그 돈을 빼앗아가 우리를 해코지하는 데 쓰는 것을 막을 수 있습니다.

122 전쟁을 수행하는 다른 방법들도 있습니다. 우리는 그들의 동맹국들이 반란을 일으키도록 부추길 수 있습니다. 이것이 그들의 힘의 원천인 세수稅收를 박탈하는 최선의 방법입니다. 우리는 그들의 영토에 요새를 쌓을 수도 있습니다. 그 밖에도 지금은 예견할 수 없는 여러 수단과 방법이 있습니다. 전쟁은 결코 정해진 틀에 따라 진행되는 것이 아니라 그때그때 상황에 대처하기 위해 스스로 해결책을 생각해내기 때문입니다. 따라서 전쟁할 때 냉정을 잃지 않는 자는 더 안전하지만, 흥분한 자는 실수하게 마련입니다.

고려해야 할 것이 또 있습니다. 이것이 힘이
대등한 경쟁국 사이의 국경분쟁이라면
용납할 수도 있습니다. 그러나
아테나이인들은 우리 동맹에 가입한
각각의 국가로는 감당할 수 없고, 동맹국이
모두 힘을 모아야만 대적할 수 있습니다.
따라서 우리가 그들에게 대항하되 모든
부족과 모든 도시가 하나의 목적을 위해
한 덩어리로 굳게 뭉치지 않으면, 그들은
분열된 모습을 보고 손쉽게 우리를 정복할
것입니다. 패배는, 듣기 거북하겠지만,
곧 우리 모두 노예가 되는 것을 뜻합니다.
그런 가능성을 언급하는 것 자체가
펠로폰네소스인들에게는 치욕입니다.
수많은 도시가 한 도시의 억압을 받아야
한다는 것도 그 점에서는 마찬가지입니다.
그런 일이 일어난다면, 사람들은 우리가
그런 불행을 당해 마땅하다거나 비겁해서
그런 운명을 감수하는 것이라고, 그리고
우리는 우리 선조보다 못하다는 것을
보여주었다고 말할 것입니다.

우리 선조는 헬라스의 자유를 찾아주었지만, 우리는 우리 자신을 위해서도 자유를 지키지 못하고 각각의 국가에서는 참주제를 폐지하는 것을 원칙으로 삼으면서도 한 도시가 우리 모두 위에 참주로 군림하는 것을 용납했으니 말입니다.

우리가 보건대, 그런 정책은 어리석음, 비겁함, 무관심이라는 3대 과오에서 벗어날 수 없습니다. 여러분이 적을 경시하기 때문이라고 주장해도 마찬가지입니다. 적을 경시하는 것은 수많은 사람들에게 재앙을 안겨준 터라 '어리석음'이라고 고쳐 부르는 편이 더 나을 테니까요.

123 지난 일을 되짚되 지금 이 순간에 도움이 되는 선을 넘어설 필요는 없습니다. 우리는 현재 우리가 가진 것을 지키고 노력을 배가하면서 미래에 대비해야 합니다. 모든 탁월함을 노력의 결실로 여기는 것은 우리의 타고난 자질이니까요.

그리고 우리는 부와 힘에서 지금 좀 나아졌다 하여 타고난 성격을 바꿔서는 안 됩니다. 절제를 통해 얻은 것을 풍족해졌다고 해서 버리는 것은 옳지 못합니다. 우리가 자신감을 갖고 이 전쟁을 해야 하는 이유는 한두 가지가 아닙니다. 신께서도 전쟁을 하라고 명령하시며 우리를 돕겠다고 약속하셨습니다. 다른 헬라스 국가도 더러는 속국이 되지 않을까 두려워, 더러는 자유를 회복할 수 있다는 기대감에서 모두 우리 편이 될 것입니다. 여러분이 먼저 조약을 깨는 것이 아닙니다. 신께서 우리더러 전쟁을 하라고 명령하심으로써 조약이 이미 깨진 것으로 여기시기 때문입니다. 여러분은 오히려 깨진 조약을 옹호하려는 것입니다. 조약은 자신을 지키려는 자가 아니라 먼저 공격하는 자에 의해 깨지기 때문입니다.

124 따라서 여러분이 전쟁을 하는 것은 어느 모로 보나 정당합니다. 우리는 공동의 이익을 위해 이런 조치를 취하도록 여러분에게 권하는 만큼—이해관계의 일치야말로 국가 간이나 개인 간이나 가장 확실한 담보이니까요—여러분은 즉시 우리와 같은 도리에이스족이면서도 이전과는 정반대로 이오네스족에게 포위 공격당하고 있는 포테이다이아인들에게 원군을 보내든지, 다른 도시의 자유를 회복해주든지 하십시오. 더는 지체할 시간이 없습니다. 우리 동맹국 중 일부는 벌써 피해를 보고 있고, 우리가 회합을 갖고도 저항할 엄두를 내지 못했다는 소문이 퍼지면 다른 곳도 머지않아 같은 일을 당할 테니까요. 동맹국에서 파견된 여러분, 여러분은 우리에게 달리 선택의 여지가 없으며 방금 말씀드린 것이 최선의 조언임을 인정하고 전쟁 쪽에 투표하십시오.

눈앞의 위험을 두려워하지 말고, 전쟁이
가져다줄 지속적인 평화를 열망하십시오.
전쟁을 하고 나면 평화가 그만큼 더
안정되지만, 평온한 삶을 위해
전쟁을 거부하다가는 더 위험해질 수 있기
때문입니다. 이제 헬라스에 참주로
군림하는 도시[6]는 우리 모두 위에 군림하며,
우리 가운데 일부를 벌써 지배하고 있고,
일부는 복속시킬 계획을 세우고 있습니다.
그러니 우리가 그 도시를 공격하여
파괴합시다. 그래야만 우리가 앞으로
안전한 삶을 살게 되고, 이미 노예가 된
헬라스인들을 해방할 수 있을 것입니다."

6    아테나이.

# 페리클레스의 연설
**(1권 140~144장)**

140 "아테나이인 여러분,
펠로폰네소스인들에게 양보해서는
안 된다는 나의 의견은 변함이 없습니다.
그렇다고 해서 사람들이 전쟁을 하기로
결심할 때 마음 다르고 실제로 전쟁할 때
마음 다르며, 상황에 따라 마음이 바뀐다는
것을 모르는 바 아닙니다. 그럼에도 나는
종전과 다름없는 조언을 여러분에게
드리지 않을 수 없습니다. 또한 나는 여러분
가운데 내 말에 찬성하는 이들은 우리의
공동 결의가 실패해도 당연히 이를
지지해야 하며, 그렇지 않을 때는 우리
계획이 성공해도 자신이 이에 기여했다고
자부해서는 안 되리라고 생각합니다.
실제 결과는 사람의 마음 못지않게
변덕스러우며, 그래서 우리는 예상이
빗나가면 운명 탓으로 돌리곤 합니다.

라케다이몬인들은 우리에게 분명 전에도 음모를 꾸몄지만 지금은 더욱더 그렇습니다. 우리 사이의 분쟁은 중재로 해결하고 중재 기간에는 각자가 현재 갖고 있는 것을 그대로 가진다고 조약에 명시되어 있습니다. 그런데도 그들은 중재를 신청한 적이 없고, 우리의 중재 제의를 받아들인 적도 없습니다. 그들은 협상보다는 전쟁으로 불만을 해결하기를 원하고, 이번에도 와서 항의하는 것이 아니라 명령하고 있습니다. 그들은 우리가 포테이다이아에서 철군하고, 아이기나에 자주권을 반환하고 메가라 결의를 철회할 것을 요구하더니, 이번에 온 마지막 사절단은 다른 헬라스인들에게도 자주권을 반환하라고 요구했습니다. 여러분은 어느 누구도 우리가 메가라 결의를 철회하지 않으면 사소한 문제 때문에 전쟁을 하게 되리라고 생각지 마십시오.

그들은 메가라 결의를 철회하면 전쟁이
일어나지 않을 것이라고 강조하지만
그것은 핑계에 불과합니다. 그러니 전쟁이
일어나더라도 사소한 일로 전쟁이
일어났다는 자책감을 여러분 마음에서
완전히 지우시기 바랍니다. 이 사소한 일이
여러분의 결심과 의도를 떠보는 시금석이
될 것이기 때문입니다. 여러분이 양보하면,
그들은 여러분이 겁이 나서 양보하는
줄 알고 당장 더 큰 요구를 해올 것입니다.
그러나 여러분이 단호하게 거절하면
그들도 여러분을 대등하게 대하는 편이
더 좋다는 사실을 분명히 알게 됩니다.

141 그러니 여러분은 지금 피해를 보기 전에
그들에게 순종하든지, 아니면
내게는 이것이 상책인 것 같습니다만,
크고 작은 문제로 양보하지 않고 우리가
가진 것을 두려움 없이 소유하기 위해
전쟁을 하든지 양자택일해야 합니다.

대등한 국가가 중재도 거치지 않고 다른 국가에게 명령할 경우 이에 응하는 것은 요구 사항의 크고 작음을 떠나 예속되는 것이나 다름없기 때문입니다.
양쪽의 전쟁 물자에 관해 상세히 듣고 나면 여러분은 우리가 결코 불리하지만도 않다는 사실을 알게 될 것입니다.
펠로폰네소스인들은 자작농들이고, 개인도 국가도 돈이 없으며, 장기전이나 해전에는 경험이 없습니다. 그들은 가난해서 자기들끼리 단기전만 하기 때문입니다. 그런 사람들은 함선에 해군을 자주 태울 수도 없고, 보병 부대를 자주 파견할 수도 없습니다. 그러자면 그들은 자신의 재산에서 멀리 떨어져 있으면서 그 비용을 스스로 부담해야 할 테니까요. 더군다나 우리는 그들의 바닷길을 봉쇄할 것입니다. 또한 전쟁을 계속하자면 축적된 부가 있어야지 분담금 인상만으로는 그 비용을 충당할 수 없습니다.

자작농들은 전시에 재산보다는 몸으로 복무할 각오를 하는데 목숨 부지할 자신은 있어도, 돈이 먼저 떨어지지 않는다고 자신하지는 못하기 때문입니다. 아마도 그렇게 되겠지만, 전쟁이 예상외로 장기화하면 특히 그렇지요. 펠로폰네소스인들과 그들의 동맹국들은 단 한 번의 전투라면 헬라스인 전체와 맞설 수 있지만 이질적인 적에 맞서 장기간 전쟁을 수행할 수는 없습니다. 그들에게는 위기 때 신속한 결정을 내릴 단일 심의기구가 없기 때문입니다. 게다가 그들은 각 도시가 동등한 투표권을 갖고 있고 부족도 서로 달라서 저마다 자기 이익에만 관심이 있습니다. 그렇게 되면 뭣 하나 되는 일이 없습니다. 그들 중 더러는 적에게 한사코 원수를 갚으려 하고, 더러는 조금도 피해를 입지 않으려 하니까요. 그들은 드물게 만나는데, 만난다 해도 공동의 관심사에는 약간의 시간만 할애하고 대부분의 시간을 자신의 이익을 추구하는 데 씁니다.

또한 그들 중 어느 누구도 자신의 무관심이 전체의 이익에 해를 끼친다고는 생각지 않으며, 전체의 미래를 보살피는 것은 누군가 다른 사람 몫이라고 생각합니다. 그리하여 저마다 같은 생각을 하게 되니 그들도 모르는 사이 공동의 이익은 훼손되고 맙니다.

142 가장 중요한 것은, 그들은 돈이 없어 곤란을 겪을 것입니다. 자금을 마련하자면 시간이 걸릴 테고, 그러면 계획이 지연될 수밖에 없는데, 전쟁의 좋은 기회는 기다려주지 않기 때문입니다. 그들의 해군은 두려울 게 못 되고, 그들이 우리 영토에 요새를 쌓지 않을까 두려워할 필요도 없습니다. 평화 시에도 대등한 이웃나라를 견제하기 위해 국경에 요새 쌓기가 어렵거늘, 그들이 쌓을 만한 어떤 요새보다 튼튼한 우리 요새에 맞서 적국인 우리 영토에 요새를 쌓기란 더욱 어렵습니다.

그들이 조그마한 전초기지를 세운다면
약탈 후 도주한 노예를 받아줌으로써
우리나라 일부에 해를 끼칠 수는 있겠지만,
우리가 그들의 나라로 배를 타고 가서
요새를 쌓고는 그곳을 우리의 강점인
해군으로 지키는 것을 막지는 못할
것입니다. 그들이 지상기지에서
해군 작전을 해본 경험보다는 우리가
해군기지에서 지상 작전을 해본 경험이
더 많기 때문입니다. 그들은 항해술을
습득하기가 쉽지 않을 것입니다.
여러분도 페르시아 전쟁 직후부터
익혔지만 아직도 완전히 숙달하지는
못했으니까요. 하거늘 뱃사람도 아닌
농부인 그들이 어떻게 제대로 배울 수
있었겠습니까? 게다가 우리는 대함대로
계속 봉쇄하여 훈련의 기회를 주지 않을
것입니다. 봉쇄한 함선이 적을 경우 무식한
그들이 자신들 수가 많은 것에 고무되어
모험을 할지 모르지만, 봉쇄한 함선이
많을 경우 그들은 가만있을 것입니다.

그리고 그들은 훈련을 적게 한 만큼 서투르고 소심할 수밖에 없습니다. 항해술도 다른 기술과 마찬가지로 하나의 기술입니다. 항해술은 여가 시간에 부업으로 익힐 수 있는 것이 아니며, 그것 아닌 다른 부업을 용납하지 않습니다.

143 그들이 올륌피아나 델포이 신전 금고에서 자금을 꺼내 더 높은 품삯을 주고 우리 해군의 이방인 선원을 빼간다면 그것은 큰 위험이 되겠지요. 우리 시민들과 재류외인在留外人[7]들이 선원이 되더라도 그들의 적수가 되지 못한다면. 그렇지만 우리는 그들의 적수가 될뿐더러 더 중요한 것은 우리 시민들 중에는 더 훌륭한 키잡이와 선원이 나머지 헬라스를 다 합친 것보다 많다는 것입니다. 그리고 며칠 동안 더 높은 품삯을 받자고 자신의 도시에서 추방당하고 패배할 위험마저 무릅써가며 펠로폰네소스인들 편에서 싸울 이방인 선원이 과연 몇이나 되겠습니까?

---

7 재류외인(metoikos 복수형 metoikoi)들이란 자진 하여 타국에 체류해 사는 외국인들을 말하는데 특히 개방적인 국제도시 아테나이에 재류외인이 많았다. 그들은 토지를 소유하지 못하고 시민과 합법적으로 결혼하지 못한다는 것 말고는 사실상 모든 시민권을 행사했으며, 시민보다 재산세를 좀 더 많이 내고 인두세도 냈으며 병역의무와 돈이 많이 드는 공공봉사의 의무도 졌다. 그들은 주로 상업과 공업에 종사했고 은행가, 선주, 수입업자, 청부인으로서 주요 업무를 수행했다. 그들 중에서 의사, 철학자(아리스토텔레스), 소피스트(프로타고라스), 웅변가(뤼시아스), 희극작가(필레몬)가 배출되기도 했다.

이상이 펠로폰네소스인들의 대략적인 상황입니다. 우리에게는 내가 그들의 약점이라고 지적한 그런 약점들이 없을뿐더러 그들이 갖지 못한 다른 이점까지 있습니다. 그들이 육로로 쳐들어오면 우리는 배를 타고 그들의 나라로 갈 것입니다. 그러면 앗티케 전부가 파괴되는 것이 우리에게 나쁜 것보다 펠로폰네소스의 일부가 파괴되는 것이 그들에게 더 나쁘다는 사실이 드러나겠지요. 그들은 싸우지 않고는 더 영토를 마련할 수 없지만, 우리에게는 여러 섬과 해안지대에 영토가 많이 있기 때문입니다. 제해권이란 위대한 것입니다. 생각해보십시오. 우리가 섬 주민이라면 누가 공격에서 우리보다 더 안전하겠습니까? 그러니 우리는 자신을 되도록 섬 주민으로 여기고 영토와 집은 포기하더라도 바다와 도시는 지켜야 합니다.

그리고 영토와 집을 잃었다고 해서 화가 나 수적으로 훨씬 우세한 펠로폰네소스인들과 치열한 전투를 벌여서는 안 됩니다. 우리가 이긴다면 더 많은 자들과 다시 싸워야 할 것이고, 만약 진다면 우리 힘의 원천인 동맹국들도 잃게 됩니다. 우리에게 동맹국들을 강제할 힘이 없으면 그들이 당장 반기를 들 테니까요. 우리가 슬퍼해야 할 것은 집과 영토를 잃는 것이 아니라 목숨을 잃는 것입니다. 집과 영토가 사람을 만드는 것이 아니라 사람이 집과 영토를 만드니까요. 그래서 내가 여러분을 설득할 자신이 있다면, 여러분이 나가서 손수 자신의 재산을 파괴함으로써 재산 때문에 펠로폰네소스인들에게 복종하는 일이 없을 것임을 보여주라고 권하고 싶습니다.

144 그 밖에도 여러분이 전쟁 중에 제국의 판도를 확장하려 하지 않고 자진하여 새로운 위험에 말려들지만 않는다면, 여러분의 최후 승리를 자신하는 이유는

한두 가지가 아닙니다. 두려운 것은 적의 작전이 아니라 우리의 실수입니다. 이 모든 점에 관해서는 전쟁을 하게 될 때 다른 기회에 자세히 말씀드리겠습니다. 지금은 다음과 같은 답변을 주어 라케다이몬인 사절단을 돌려보내도록 합시다. 즉 라케다이몬인들이 우리와 우리의 동맹국들을 그들의 외국인 추방령에서 제외한다면, 우리도 메가라인들이 우리의 시장과 항구들을 이용하는 것을 허용할 것이라고(조약에는 그들 행위나 우리 행위를 금지하는 문구가 없으므로) 답변하십시오. 그리고 라케다이몬인들도 그들의 동맹국들에 자주권을 반환하고 각각의 동맹국이 라케다이몬의 이익에 부합하는 정체가 아니라 자신이 원하는 정체를 선택할 권한을 부여한다면, 우리도 조약 체결 당시 자주권을 갖고 있던 우리 동맹국들에는 자주권을 반환하겠다고 하십시오.

또 우리는 조약에 따라 중재를 받아들일 용의가 있으며, 우리가 먼저 전쟁을 시작하지는 않겠지만 공격당하면 대항할 것이라고 말합시다. 이것이 옳은 답변이고, 우리 도시가 마땅히 해야 할 답변입니다. 여러분은 알아야 합니다. 전쟁은 불가피하며, 우리가 전쟁을 기꺼이 받아들일수록 적의 공격이 덜 날카로워진다는 것을. 그리고 국가든 개인이든 가장 큰 위험을 통해 가장 큰 영광을 얻는다는 것을 말입니다. 우리 선조가 페르시아인들에게 대항했을 때 그분들에게는 지금 우리가 가진 것과 같은 물자가 없었습니다. 그렇지만 그분들은 가진 것도 버리고 운보다는 지혜로, 힘보다는 용기로 페르시아인들을 물리쳐 우리 도시의 오늘이 있게 했습니다. 우리가 선조보다 못해서는 안 됩니다. 그러니 우리는 어떻게든 적을 물리쳐 후손들에게 우리 도시를 줄어들지 않은 상태로 물려주어야 합니다."

## 페리클레스의 추도사
**(2권 35~46장)**

35 "지금까지 이 연단에 서서 연설한 사람은 대부분 이런 연설로 장례식을 끝맺는 관행을 칭찬했는데, 그들은 전사자들의 장례식 때 이런 연설을 하는 것을 훌륭한 일로 여겼기 때문입니다. 하지만 나는 그에 동의하지 않습니다. 국비로 치러진 이번 장례식에서 여러분도 보았듯, 행동으로 용기를 보여준 자에게는 행동으로 명예를 높여주면 그것으로 충분하다고 생각합니다.
수많은 사람들의 미덕에 대한 우리의 믿음이 한 사람이 연설을 잘하느냐 못하느냐에 좌우되어서는 안 될 것입니다. 청중에게 진실을 말한다는 믿음을 심어주기 어려운 경우에는 균형 감각을 유지하며 말하기가 쉽지 않습니다. 청중 가운데 사실을 잘 알고 있고 전사자의 친구였던 사람들은 연설이 자기가 알고 있는 것과 듣고 싶은 것에 미치지 못한다고 생각할 테고, 사실을 모르는 사람들은 자신의 능력을 넘어서는 업적에 관해 들으면 샘이 나서, 연사가 과찬을 한다고 생각할 테니 말입니다. 남들에 대한 칭찬은 저마다 자기도 들은 대로 할 수 있다고 자부하는 선까지는 용납되지만, 일단 그 선을 넘으면 시기와 불신을 사게 됩니다. 그러나 이런 연설을 하는 것은 훌륭한 일이라고 우리 선조가 인정한 만큼, 나도 당연히 관습에 따라 여러분 각자의 소망과 기대에 부응하도록 최선을 다해야겠지요.

36  나는 먼저 우리 선조에 관해 언급하려 합니다. 이런 기회에 그분들을 기억함으로써 그분들의 명예를 높이는 것은 정당하고 적절하기 때문입니다. 오늘날에 이르기까지 그분들이 대대로 이 나라를 차지하고 살지 않은 적은 한 번도 없었는데,[8] 우리가 자유국가를 물려받은 것은 그분들의 용기 덕분입니다. 그분들도 분명 칭찬받을 만하지만 우리 아버지들[9]은 더욱 칭찬받을 만합니다.

---

8  아테나이인들은 펠로폰네소스 등지에 정착한 도리에이스족이 이주민인 것과 달리 자신들이 앗티케 지방의 본토박이들이라고 생각했다.

9  페르시아 전쟁 때 적군을 물리친 세대.

우리 아버지들은 노고도 불사하며 자신들이 물려받은 것에 지금 우리가 다스리는 제국 전체를 보탠 다음 지금 세대를 사는 우리에게 물려주었습니다. 여기 모인 나이 지긋한 우리는 대부분의 분야에서 제국의 힘을 강화하고 모든 면에서 도시를 정비하여 전시에나 평화 시에나 완전히 자족할 수 있게 해놓았습니다.
 나는 여러분 모두가 잘 알고 있는 주제에 관해서는 긴말하지 않겠습니다. 우리의 재산을 늘려준 전공戰功들이나, 우리와 우리 아버지들이 헬라스인들 또는 비헬라스인들의 침략을 과감히 물리친 전투들에 관해서는 언급하지 않겠다는 말씀입니다. 나는 먼저 지금의 우리를 있게 한 정신자세와, 우리를 위대하게 만들어준 정체政體와 생활 방식을 언급하고, 그런 다음 전사자들에게 찬사를 바칠까 합니다.

지금 상황에서 그런 것들을 언급하는 것은 부적절하지 않을뿐더러, 이런 이야기를 들어두는 것은 시민이든 이방인이든 모든 청중에게 유익하리라 생각됩니다.

37 우리의 정체는 이웃나라들의 제도를 모방한 것이 아닙니다. 우리는 남을 모방하기보다 남에게 본보기가 되고 있습니다. 소수가 아니라 다수의 이익을 위해 나라가 통치되기에 우리 정체를 민주정치라 부릅니다. 시민들 사이의 사적인 분쟁을 해결할 때는 법 앞에 만인이 평등합니다. 그러나 주요 공직 취임에는 개인의 탁월성이 우선시되며, 추첨이 아니라 능력에 따라 발탁합니다. 마찬가지로 누가 가난이라는 불리한 조건에도 불구하고 도시를 위해 좋은 일을 할 능력이 있다면 가난 때문에 공직에서 배제되는 일도 없습니다. 우리는 정치 생활에서 자유롭고 개방적인데 일상생활에서도 그 점은 마찬가지입니다.

우리는 서로 시기하고 감시하지 않으며
이웃이 하고 싶은 일을 해도 화내거나
못마땅하다는 표정을 짓지 않는데,
그런 표정은 실제로 해를 끼치지는 않지만
남의 감정을 상하게 하지요. 사생활에서
우리는 자유롭고 참을성이 많지만,
공무에서는 법을 지킵니다. 그것은
법에 대한 경외심에서 비롯됩니다.
우리는 그때그때 당국자들과 법, 특히
억압받는 자를 보호하기 위해 제정된 법과,
그것을 어기는 것을 치욕으로 간주하는
불문율에 순순히 복종합니다.

38  게다가 우리는 일이 끝나고 나면 정신을
위해 온갖 휴식을 취할 수 있습니다.
사시사철 여러 가지 경연대회와 축제가
정기적으로 열리고, 우리의 가정은
아름답게 꾸며져 있어 날마다 우리를
즐겁게 하고 근심을 쫓아줍니다.
 도시가 크다 보니 온 세상에서 온갖
상품이 모여들어, 우리에게는 외국 물건을
사용하는 것이 자국 물건을 사용하는
것만큼이나 자연스럽습니다.

**39** 군사정책에서도 우리는 적들과 다릅니다. 몇 가지 예를 들어보겠습니다. 우리 도시는 온 세계에 개방되어 있으며, 적에게 유리한 군사기밀을 사람들이 훔쳐보거나 알아내는 것을 방지하기 위해 외국인을 추방하지도 않습니다. 그것은 우리가 비밀 병기 따위보다는 우리 자신의 용기와 기백을 더 믿기 때문입니다. 교육체계에서도 차이가 납니다. 라케다이몬인들은 어릴 적부터 용기를 북돋기 위해 혹독한 훈련을 받지만, 우리는 얽매이지 않는 삶을 살면서도 그들 못지않게 위험에 맞설 각오가 되어 있습니다. 예를 들어 라케다이몬인들이 우리나라에 쳐들어올 때는 자기들만 오지 않고 동맹군을 모두 데려오지만, 우리가 적국을 공격할 때는 단독으로 해치우며, 남의 나라에서 싸우는데도 불구하고 자기 재산을 지키기 위해 싸우는 적군을 대개 어렵지 않게 제압합니다.
 우리의 어떤 적도 아직 우리의 전군과 맞닥뜨린 적이 없습니다.

우리는 해군을 유지하는 동시에 여러 곳의 지상전 싸움터에도 부대를 파견해야 하기 때문입니다. 적군은 어딘가에서 우리의 파견대와 맞닥뜨려 우리 군의 일부를 제압하면 자기들이 우리 전군을 물리쳤다고 자랑하고, 자기들이 지면 우리의 전군에게 졌다고 주장합니다. 우리는 혹독한 훈련에 의해서가 아니라 편안한 마음으로, 강요에 따른 용기보다는 타고난 용기로 자발적으로 위기에 맞서는데, 거기에는 몇몇 이점이 있습니다. 나중에 당할 고통을 미리 당하지 않아도 되고, 또 막상 고통이 닥치면 우리도 늘 혹독한 훈련을 하는 자들 못지않게 용감하다는 것을 보여준다는 것입니다. 이것이 우리 도시가 칭찬받아 마땅한 한 가지 이유입니다. 칭찬할 만한 점은 또 있습니다.

40 우리는 고상한 것을 사랑하면서도 비용을 많이 들이지 않으며, 지혜를 사랑하면서도 문약하지 않습니다.

우리에게 부富는 행동을 위한 수단이지 자랑거리가 아닙니다. 가난을 시인하는 것이 부끄러운 일이 아니라 가난을 면하기 위해 실천적인 조치를 취하지 않는 것이 진정으로 부끄러운 일입니다.

이곳에서 정치가들은 가사家事도 돌보고 공적인 업무도 처리하며, 주로 생업에 종사하는 자도 정치에 무식하지 않습니다. 우리 아테나이인들만이 특이하게도 정치에 참여하지 않는 자들을 비정치가가 아니라 무용지물로 간주합니다. 그리고 우리만이 정책을 직접 비준하거나 토의하는데, 그것은 우리가 말과 행동을 양립할 수 없는 것으로 보지 않고, 결과를 따져보기도 전에 필요한 행동부터 취하는 것을 최악으로 보기 때문입니다.

우리와 다른 백성 사이에는 또 다른 차이점이 있습니다. 우리는 모험심이 강하면서도 사전에 심사숙고할 능력이 있는 데 반해, 다른 백성은 무지하기에 용감하고, 그들에게 숙고한다는 것은 주저하는 것입니다. 인생에서 두려운 것과 즐거운 것의 의미를 명확히 알기에 어떤 위험도 피하지 않는 사람이야말로 진실로 정신력이 강한 사람이라고 할 것입니다. 우리는 선행의 개념에서도 대부분의 다른 백성과 현저하게 다릅니다. 우리는 남의 호의를 받아들임으로써가 아니라 남에게 호의를 베풂으로써 친구를 만듭니다. 그렇지만 둘 중 호의를 베푼 쪽이 더 신뢰받게 마련입니다. 그는 계속 호의를 베풀어 받은 쪽이 고마워하는 마음을 간직하기를 원하지만, 받은 쪽이 호의를 되갚아도 자발적으로 베푸는 것이 아니라 빚을 갚는다는 생각 때문에 베푼 쪽만큼 열의를 보이지 않기 때문입니다. 남을 돕는 방법도 특이한데, 우리는 손익을 따져보고 남을 도와주는 것이 아니라 우리의 자유를 믿고 아무 두려움 없이 도와줍니다.

41 간단히 말해 우리 도시 전체가 헬라스의 학교입니다. 그리고 우리 시민 개개인은 인생의 다양한 분야에서 유희하듯 우아하게 자신만의 특질을 개발할 능력이 있다고 생각됩니다. 내 말이 이 자리를 위한 공허한 수사 修辭가 아니라 실체적 진실이라는 것은 우리가 앞서 말한 자질들을 통하여 획득한 이 도시의 힘이 입증해주고 있습니다. 현존하는 국가 중에 아테나이만이 막상 시험해보면 그 명성을 능가합니다. 아테나이만이 쳐들어오다가 패배한 적군에게 자기들보다 못한 자들에게 졌다는 원한을 사지 않으며, 속국으로부터 지배할 가치가 없는 자들의 지배를 받는다는 불만을 사지 않습니다. 우리의 힘을 입증해줄 굵직굵직한 증거를 여기저기 남긴 만큼 우리는 지금 사람들에게도 후세 사람들에게도 경탄의 대상이 될 것입니다.

따라서 우리는 호메로스나, 그 밖에 그 미사여구가 당장은 우리를 즐겁게 해주어도 실체적 진실에 의해 허구로 드러나게 될 다른 시인의 찬사가 필요 없습니다. 우리는 모든 바다와 육지가 우리 모험정신에 길을 열도록 했고, 적들에게 보복하고 친구들을 도와주었음을 입증할 영원한 기념비를 곳곳에 남겼으니요. 바로 그런 도시를 위해 여기 이 사람들이 용감하게 싸우다가 죽어간 것이니, 그런 도시를 잃어서는 안 된다고 생각한 것입니다. 그러니 살아남은 우리도 저마다 그런 도시를 위하여 당연히 노고를 감수해야 할 것입니다.

42  내가 우리 도시의 성격에 관해 이처럼 자세하게 말한 까닭은, 이런 투쟁이 우리 같은 혜택을 누리지 못하는 다른 사람들보다 우리에게 더 많은 것을 뜻한다는 점을 밝히고, 여기 이분들에 대한 내 찬사를 증거로 뒷받침하기 위해서입니다.

내 찬사의 주요 부분은 이미
말씀드렸습니다. 나는 우리 도시를
찬양했지만, 우리 도시를 빛낸 것은
여기 이분들과 그들의 용기와 무공입니다.
이분들처럼 찬사와 공적이 균형을 이루는
헬라스인들은 많지 않기 때문입니다.
이분들이 맞이한 것과 같은 최후는 그것이
최초의 발로이든 최종 확인이든 그들의
인간적인 가치를 보여준다고 나는
생각합니다. 이들 중에는 흠결이 있는
사람도 있겠지만, 우리가 먼저 기억해야
할 것은 조국을 지키기 위한 전쟁에서
이분들이 보여준 용기입니다. 이분들은
나쁜 것을 좋은 것으로 상쇄하고,
사생활에서 끼친 해악보다 더 많은 선행을
공동체를 위하여 베풀었습니다.
이분들 가운데 어느 누구도 모아놓은
재산을 더 오래 즐기고 싶어 겁쟁이가 되지
않았으며, 어느 누구도 살다 보면 언젠가는
가난에서 벗어나 부자가 되겠지 하는
희망에서 위험 앞에 몸을 사리지
않았습니다.

그런 것들보다는 적에게 복수하는 일에 더 마음이 끌렸던 이분들은 그것을 모든 모험 중에서도 가장 영광스러운 것으로 여겼으며, 다른 것은 포기하고 적을 응징하는 길을 택했습니다. 이분들은 성패 여부를 불확실한 희망에 맡긴 채 자기 자신만을 믿고 눈앞에 닥친 현실에 대처했으며, 그럴 때는 굴복하고 목숨을 건지는 것보다 버티다가 죽는 편이 더 명예롭다고 생각했습니다. 그래서 이분들은 사람들의 비난은 피했지만, 위험에 몸으로 맞서다가 잠시 뒤 위기를 맞아 두려움이 아닌 영광의 절정에서 세상을 하직한 것입니다.

43 그리하여 이분들은 이 도시에 어울리는 사람이 되었습니다. 뒤에 남은 우리는 더 좋은 결과가 나오기를 기도해야겠지만 적들에게 이분들 못지않게 불굴의 용기를 보여야 합니다. 그 이익은 이론적으로 따질 일이 아닙니다.

나도 우리가 적을 물리침으로써 무엇을
얻는지 여러분에게 장광설을 늘어놓을 수
있으며, 여러분도 나 못지않게 잘 알고
있습니다. 내가 바라는 것은 오히려
여러분이 날마다 우리 도시의 힘을 실제로
보고 우리 도시를 사랑하는 것이며,
우리 도시가 위대해 보이면, 우리 도시를
위대하게 만든 것은 모험심이 강하고,
자신의 의무가 무엇인지 알고, 의무를
다하는 것에 자부심을 느낀 사람들
덕분이라는 사실을 기억하는 일입니다.
이분들은 설령 어떤 계획을 수행하다가
실패했다 해도 도시가 자신들의 용기를
아쉬워해서는 안 되리라 생각하고
도시를 위해 자신들이 할 수 있는 최선을
다했습니다.
이분들은 공익을 위하여 목숨을 바치고
그 대가로 자신을 위해 불멸의 명성과 가장
영광스러운 무덤을 받았습니다.

유골이 안치될 무덤이 아니라, 그럴 기회가
날 때마다 우리가 말과 행동으로 영원히
추모하기 위해 이분들의 명성이 자리 잡고
있을 무덤 말입니다. 온 세상이 탁월한
사람들의 무덤입니다. 고향 땅에 세운
비문만이 이분들에 관해 증언하는 것이
아니라 외국 땅에서도 이분들에 대한
기억은 기념비가 아니라 사람들 마음속에
살아 있기 때문입니다.
여러분은 이제 마땅히 이분들을 본받아,
행복은 자유에 있고 자유는 용기에 있음을
명심하고, 전쟁의 위험 앞에 너무 망설이지
마십시오. 죽음조차 불사할 이유가 있는
사람이란 더 나아질 가망이 전혀 없는
불운한 사람이 아니라, 살아 있을 경우
운명이 역전될 수 있고 실패할 경우
가장 잃을 게 많은 사람입니다. 자긍심을
지닌 사람에게는 희망을 품고 용감하게
싸우다가 자신도 모르게 죽는 것보다,
자신의 비겁함으로 말미암아 굴욕을
당하는 것이 더 고통스러운 법입니다.

44　그래서 나는 여기 계신 전사자의 부모들에게도 애도가 아니라 위로의 말씀을 드리고자 합니다. 여러분도 아시다시피 우리는 파란만장한 세상에 태어났습니다. 그리고 여기 이분들처럼 명예롭게 생을 마감할 수 있고 여러분처럼 명예롭게 이분들을 애도할 수 있다는 것은 다행이며, 인생에서 성공과 역경이 균형을 이루었으니 이분들의 삶은 그래도 행복했다고 할 수 있습니다. 아마 쉽게 이해되지 않겠지요. 한때 자랑스러워하던 행복을 다른 사람들이 누리는 것을 보게 되면 여러분은 자식들이 생각날 텐데, 사람은 경험해보지 못한 것을 빼앗겼을 때가 아니라 친숙한 것을 잃었을 때 더 괴로운 법이니까요.
하지만 여러분 가운데 아직은 자식을 낳을 수 있는 이들은 다시 아들들을 가질 수 있다는 희망을 품고 참고 견뎌야 합니다.

새로 태어난 자식은 이미 세상을 떠난
자식들을 잊게 해줄 테고, 인구가 줄지 않게
하고 안전을 지켜줄 테니 도시에는
두 가지 이익을 가져다줄 것입니다.
자기 자식을 위험에 내맡기지 않는
사람들에게는 공평하고 공정한 정책을
기대할 수 없기 때문입니다.
만약 자식 낳을 나이가 지난 이라면
행복하게 보낸 인생의 더 많은 부분을
이익이라고 여기시되, 남은 시간은 길지
않다는 점을 명심하시고 죽은 아들들의
명성을 생각하는 것을 위안으로 삼기
바랍니다. 왜냐하면 명예욕만이 늙지
않으며, 몇몇 사람이 말하듯, 나이 많아
쓸모없어진 시기에는 재산을 축적하는
것이 아니라 주위의 존경을 받는 것이
더 큰 즐거움을 안겨주기 때문입니다.

45 여기 모인 전사자들의 아들과 형제
여러분에 관해 말하자면, 여러분 앞에
힘든 과제가 기다리고 있는 것이 보입니다.

누구나 고인은 찬양하게 마련이며, 여러분이 엄청나게 큰 공적을 쌓아도 이분들과 대등하지 않고 조금은 못한 것으로 평가받을 테니 말입니다. 살아 있을 때는 누구나 경쟁자들의 시기를 받지만, 죽은 자에게는 경쟁심이 없어져 누구나 따뜻한 경의를 표하기 때문입니다. 여러분 가운데 이제 미망인이 된 부인들에게 부덕婦德에 관해 한마디한다면, 짤막한 조언으로 모든 것을 다 표현하겠습니다. 타고난 본성에 따라 꿋꿋하게 살아가는 것이 여러분의 명예가 되겠지만, 여러분의 가장 큰 명예는 칭찬을 받건 비난을 받건 남자들의 입길에 오르내리지 않는 것입니다.

46 이제 나는 관행에 따른 연설에서 해야 할 말을 다 했습니다. 또한 여기 묻힌 분들에게 제물을 바침으로써 우리는 행동으로도 경의를 표했습니다. 그리고 앞으로는 국가가 이분들의 자녀를 성인이 될 때까지

국비로 부양할 것입니다. 이것이 고인이
치른 희생에 대한 보답으로 고인과
그 자녀들에게 국가가 바치는 상賞이자
영관榮冠입니다. 용기에 가장 큰 상을 주는
도시에는 가장 훌륭한 시민들이 살기
때문입니다. 여러분은 친척을 위해 저마다
충분히 애도했으니 이제는 이곳을
떠나도록 하십시오."

**멜로스 섬에서의 협상**
**(5권 84~113장)**

84  여름이 되자 알키비아데스는 함선 20척을 이끌고 아르고스에 가서 여전히 친親라케다이몬파라는 혐의가 있는 아르고스인 300명을 체포했다. 아테나이인들은 이들을 아테나이의 지배를 받는 이웃 섬들에 구금했다. 그들은 멜로스 섬으로도 병력을 파견했는데, 이 원정대는 그들 자신의 함선 30척과 키오스 함선 6척, 레스보스 함선 2척 또 그들의 중무장보병 1200명, 궁수 300명, 기마사수 20명과 여러 섬의 동맹국에서 파견한 중무장보병 약 1500명으로 구성되어 있었다. 멜로스인들은 라케다이몬의 이주민이다. 그들은 다른 섬 주민처럼 아테나이에 복종하기를 원하지 않아 처음에는 어느 쪽에도 가담하지 않고 중립을 지키다가, 나중에는 아테나이인들이 그들의 영토를 약탈함으로써 압력을 가하자 아테나이의 공공연한 적이 되었다.

그래서 아테나이의 장군인 뤼코메데스의 아들 클레오메데스와 테이시마코스의 아들 테이시아스가 앞서 말한 병력을 이끌고 가서 멜로스 섬에 진을 쳤지만, 나라에 해를 입히기 전에 먼저 사절단을 보내 협상하게 했다. 멜로스인들은 사절단을 대중 앞으로 인도하지 않고, 정무를 맡아보는 자들과 소수의 특권층 앞에서 용건을 말하게 했다. 아테나이인 사절단은 다음과 같이 말했다.

85 "아마 우리가 어떤 제지도 받지 않고 잇달아 그럴듯하고 반박할 수 없는 논리로 대중을 현혹하는 것을 막으려고(우리를 소수자 앞으로 인도한 것이 그 때문이라는 것을 잘 알고 있소) 여러분이 우리한테 군중에게 말할 기회를 주지 않으니, 이 자리에 모인 여러분은 더욱 신중을 기하시기 바랍니다. 여러분은 우리가 일장 연설을 하게 내버려두지 말고, 항목마다 따지며 우리가 한 말이 마음에 들지 않는다면 그때그때 우리 제안에 대답을 주시오.

여러분은 먼저 이 제안이 마음에 드는지 말해주시오."

86 멜로스인 의원들은 다음과 같이 대답했다. "조용하게 서로 의견을 교환하자는 여러분의 합리적인 제안에는 이의가 없습니다. 그렇지만 여러분이 위협에 그치지 않고 실제로 군대를 이끌고 온 점은 그런 제안과 명백히 모순됩니다. 보아하니 여러분은 이 논의의 재판관으로 여기에 와 있는 듯합니다. 그래서 결국 우리가 옳다는 것을 증명하며 양보하지 않으면 전쟁이 벌어지고, 우리가 양보하면 여러분에게 예속되겠지요."

87 A• : 여러분이 눈앞의 현실에 맞게 여러분의 도시를 구할 방법을 강구하기 위해서가 아니라 여러분 장래에 관해 제멋대로 억측을 늘어놓기 위해 여기서 우리를 만나는 것이라면, 우리는 회담을 중단할 것이오. 그러나 여러분이 우리가 권하는 대로 한다면 우리도 회담을 계속할 것이오.

● 아테나이인 사절단은 A, 멜로스인 의원들은 M으로 줄여 썼다.

88  M: 사람들이 우리처럼 곤경에 빠지면 무슨 말인들 못하고, 무슨 생각인들 못하겠습니까? 그건 당연하고도 이해할 수 있는 일입니다. 그러나 우리가 만난 것이 우리 도시를 구원하기 위해서라는 여러분의 주장이 옳은 만큼, 우리는 여러분 제안대로 회담이 진행되는 것에 동의합니다.

89  A: 우리는 지금 이를테면 우리가 페르시아인들을 물리쳤으니 우리에게는 지배할 권리가 있다든가, 또는 여러분이 우리에게 불의한 짓을 해서 응징하러 왔다든가 하는 따위의 그럴듯한 말을 늘어놓지 않을 것이오. 그런 말을 아무리 장황하게 늘어놓아도 여러분을 설득하지 못할 테니까요. 마찬가지로 여러분도 여러분은 라케다이몬의 이주민이지만 이 전쟁에서 라케다이몬 편을 들지 않았다든가, 우리를 해롭게 한 적이 없다는 말로 우리를 설득할 수 있다고 기대하지 마시오.

대신 여러분은 양쪽이 의도하는 바가 무엇인지를 감안하여 여러분이 얻을 수 있는 것을 얻도록 하시오. 인간관계에서 정의란 힘이 대등할 때나 통하는 것이지, 실제로는 강자는 할 수 있는 것을 관철하고, 약자는 거기에 순응해야 한다는 것쯤은 여러분도 우리 못지않게 아실 텐데요.

90 M: 여러분이 정의를 도외시하고 득실에 관해서만 논의하자니 하는 말인데, 우리가 보기에는 보편적인 선善이라는 원칙을 지키는 것이 여러분에게도 이익이 될 것입니다. 말하자면 위기에 처한 사람은 누구나 공정한 처우를 받아야 하며, 다소 타당성이 결여된 소명에 의해서도 도움을 받을 수 있어야 합니다. 이러한 원칙이 여러분에게도 이익이 될 것입니다. 귀국이 넘어졌을 때, 어떻게 하는 것이 가장 심하게 보복하는 것인지 당신들이 본보기가 되어줄 날도 올 테니 말입니다.

91  A: 설령 우리 제국이 종말을 고한다 해도 우리는 나중에 일어날 일 때문에 의기소침하지 않을 것이오. 라케다이몬인들처럼 남을 지배하는 자들에게 정복당하는 것은 그다지 두려운 일이 아니오. (게다가 지금 상대하고 있는 것은 라케다이몬인들도 아니지 않소.) 두려운 것은 오히려 피지배자들이 반란을 일으켜 지배자들을 제압하는 것이오. 하지만 그런 위험이라면 우리에게 맡겨두시오. 지금 우리가 원하는 바는, 여기 우리가 온 이유는 우리 제국의 이익을 위해서이며, 우리가 하고자 하는 말은 여러분의 도시를 구하기 위해서라는 점을 분명히 하는 것이오. 우리는 힘들이지 않고 여러분을 우리 제국에 편입시키고 싶소. 양쪽의 이익을 위해 여러분이 살아남기를 바라오.

92  M: 여러분이 우리의 주인이 되는 것이 여러분에게 이익이 되듯 우리가 여러분의 노예가 되는 것이 어떻게 우리한테 이익이 될 수 있다는 말입니까?

93 A: 여러분은 항복으로 무서운 재앙을 면하고, 우리는 여러분을 살육하지 않고 살려두는 것이 이익이니까요.

94 M: 우리가 어느 쪽에도 가담하지 않고 적대적이 아니라 호의적인 중립 국가로 남는 것을 용인할 수 없단 말입니까?

95 A: 용인할 수 없소. 여러분의 호의가 적대감보다 우리에게 더 위험하오. 여러분의 호의는 우리가 무력하다는 징표로, 여러분의 증오심은 우리가 강력하다는 증거로 우리 속국들에게 받아들여질 것이오.

96 M: 귀국과 무관한 우리를 대부분 여러분의 이주민이거나 반란을 일으켰다가 진압된 자들과 구별 없이 다스리는 것을 여러분 속국의 백성이 공정하다고 생각할까요?

97 A: 옳고 그름의 관점에서 보면 서로 피장파장이라고 생각하겠지요. 그리고 아직 독립을 지키는 자들이 있다면 그들이 강하기 때문이라 생각할 것이고,

우리가 그들을 공격하지 않고 있으면 우리가 두려워한다고 생각할 것이오. 우리는 여러분을 정복함으로써 제국의 영토를 확장할 뿐 아니라 제국의 안전을 확인하는 셈이 될 것이오. 우리는 해양 세력이고 여러분은 섬 주민, 그것도 다른 섬 주민보다 허약한 섬 주민이오. 따라서 여러분이 우리에게서 벗어나지 못하는 것이 우리에게는 무엇보다 중요하오.

98 M: 여러분은 여러분에게 안전을 보장하는 다른 방법은 없다고 생각하십니까? 여러분은 우리더러 정의는 말하지 말고 여러분 이익을 위해서만 말하라고 하시니, 우리는 다시 무엇이 우리에게 이익인지 말하고, 그것이 여러분 이익에도 부합한다는 것을 설득해야겠기에 하는 말입니다. 지금 중립국이 몇 나라 있는데, 그들을 모두 적국으로 만들기를 원합니까? 그들이 여기서 벌어지는 일을 보고 나면 머지않아 여러분이 자신들에게도 쳐들어올 것이라고 생각할 것입니다.

그것은 곧 여러분이 기존의 적국 수를 더 늘리고, 그럴 의도가 없던 나라들을 본의 아니게 적국이 되게 강요하는 결과가 되지 않을까요?

99 A: 내륙의 국가들은 사실 그리 두렵지 않소. 자유를 누리는 그들이 우리를 경계하려면 오랜 시일이 걸릴 것이오. 우리에게 위협이 되는 것은 여러분처럼 아직 굴복하지 않은 섬 주민이나, 우리 제국의 억압에 이미 들고 일어난 자들이오. 그런 자들이야말로 무모한 행동으로 그들 자신과 우리를 모두 명백한 위험에 빠뜨릴 가능성이 가장 많지요.

100 M: 그렇다면 여러분은 제국을 유지하기 위해, 여러분의 속국들은 거기에서 벗어나기 위해 그런 극단적인 모험을 하는데, 아직 자유를 누리는 우리가 노예가 되기 전에 온갖 수단과 방법을 강구해보지 않는다면 그야말로 야비하고 비겁한 짓이겠지요.

101 A: 잘 생각해보면 그렇지만도 않소.
여러분은 대등한 상대와 싸우는 것이
아니므로, 체면을 세운다든가 치욕을
면하는 따위의 문제와는 아무 상관이 없소.
이것은 여러분이 살아남느냐 하는
문제이며, 그러기 위해서 여러분은
여러분보다 압도적인 강자에게
저항해서는 안 되오.

102 M: 때로 승패는 수의 많고 적음보다
운에 따라 결정된다는 것을 알고 있소.
그리고 우리가 항복하면 우리의 희망은
모두 사라지지만, 우리가 행동하는 동안은
우리가 바로 설 수 있다는 희망이
남아 있겠지요.

103 A: 위기를 맞으면 희망이 위안이 되겠지요.
다른 재원을 충분히 갖고 희망에 기댄다면
희망 때문에 해를 입기는 해도 파멸하지는
않겠지요. 하지만 가진 것을 한판에 모두
거는 사람은 망한 뒤에야 희망이 무엇인지
알게 되지요(희망은 본시 낭비벽이
심하다오).

그래서 희망이 무엇인지 알고 조심할 수 있을 때는 이미 그에게 남은 것이라고는 아무것도 없지요. 여러분은 미약하고 백척간두에 서 있는 만큼 스스로 그런 함정에 빠지지 않도록 조심하시오. 또 다급해진 자들을 흉내내지 마시오. 그들은 인간적인 수단으로 아직 자신을 구할 수 있는데도 눈에 보이는 희망이 사라지면 눈에 보이지 않는 것들, 즉 예언이나 신탁처럼 희망을 품게 하여 파멸로 인도하는 온갖 것들에 의지하지요.

104 M: 여러분도 아시겠지만, 우리가 귀국의 힘과 아마도 월등한 행운에 맞서 싸우기는 어렵다는 것을 물론 압니다. 하지만 불의에 대항해 정의의 편에 서 있는 만큼, 신들께서 우리에게도 여러분 못지않은 행운을 내려주시리라 확신합니다. 또한 우리의 미약한 힘은 라케다이몬과의 동맹이 보충해주리라 믿습니다. 다른 이유가 없다 해도 그들은 우리의 친족인 만큼 명예를 위해서라도 우리를 도울 수밖에 없겠지요.

따라서 우리의 자신감은 여러분이
생각하듯 전혀 근거 없는 것이 아닙니다.

105 A: 신들의 호의를 말하자면, 우리도 여러분
못지않게 거기에 참여할 자격이 있다고
생각하오. 우리의 목표와 행위는 신들에
대한 인간의 믿음과 인간 상호 간의 행동
원칙에 대한 신념에 전혀 배치되지
않소우가. 우리가 이해하기에, 신에게는
아마도, 인간에게는 확실히, 지배할 수 있는
곳에서는 지배하는 것이 자연의 변하지
않는 법칙이오. 이 법칙은 우리가 정한 것도
아니고, 이 법칙이 만들어지고 나서 우리가
처음 따르는 것도 아니오. 우리는 이 법칙을
하나의 사실로 물려받았고, 후세 사람들
사이에 영원히 존속하도록 하나의 사실로
물려줄 것이오. 우리는 이 법칙에 따라
행동할 뿐이며, 여러분이나 다른 누구도
우리와 같은 권력을 잡게 되면 우리처럼
행동할 것이오. 따라서 우리가 신들에게
불이익을 당할 것이라고 두려워할 아무런

이유가 없는 듯하오. 라케다이몬인들이 명예심에서라도 도우러 올 것이라는 여러분의 기대에 관해서 말하자면, 우리는 여러분의 순진함에 감탄하면서도 그 어리석음에 동정을 금할 수 없소. 라케다이몬인들은 자신들에 관계되는 일이나 자신들의 정체政體에 관한 한, 아주 탁월한 자들이오. 그러나 다른 사람들을 대하는 그들의 태도는 전혀 딴판이오. 알기 쉽게 요약해 말하면, 그들은 우리가 아는 사람들 중에서 자기 마음에 드는 것은 고상하고, 자기에게 이익이 되는 것은 옳다고 생각하는 경향이 가장 강한 편이오. 그리고 이런 태도는 지금 근거 없이 구원을 기대하는 여러분에게 별로 도움이 되지 못할 것이오.

106 M: 우리가 그들을 믿는 것은 바로 그들의 자기 이익 추구 때문입니다. 그들은 자신의 식민지인 멜로스를 포기하지 않을 테니까요. 그러다가는 그들이 헬라스 내의 친구들에게는 신용을 잃고, 적들에게는 도움을 주는 꼴이 될 테니 말입니다.

107 A: 자기 이익에는 안전이 따르지만, 정의와 명예에는 위험이 따른다는 점을 여러분은 잊고 있는 것 같소. 하지만 라케다이몬인들은 대체로 가능하면 위험을 감수하려 하지 않지요.

108 M: 그렇지만 라케다이몬인들은 아마도 우리를 위해서라면 남들을 위해서보다 더 위험을 무릅쓰려 할 것입니다. 우리는 그들이 작전하기 쉽게 펠로폰네소스 가까이 자리 잡고 있고, 동족인지라 더 신뢰할 만하니까요.

109 A: 도움을 요청받은 국가가 믿는 것은 도움을 요청한 나라의 호의가 아니라 월등한 실력이오. 라케다이몬인들은 특히 그 점을 중시하오. 아무튼 그들은 자국의 군사력도 불신하여 이웃나라를 공격할 때 수많은 동맹군을 데려가지요. 우리가 제해권을 장악하고 있는 한 그들이 섬으로 건너오는 일은 아마 없을 것이오.

110 M: 그렇다면 다른 사람들을 보내줄 것입니다. 크레테 해는 넓어서, 도망치려는 자들이 몰래 빠져나가기보다 그곳을 통제하는 자들이 그들을 붙잡기가 더 어렵습니다. 설령 라케다이몬인들이 이에 실패해도 여러분의 영토나 아직 브라시다스의 발길이 닿지 않은 여러분의 동맹국들 영토로 향할 것입니다. 그러면 여러분은 여러분과 무관한 나라가 아니라 여러분 자신이나 여러분의 동맹국들 영토를 위해 싸우게 될 것입니다.

111 A: 그럴 수도 있겠지요. 전에도 있었으니까. 그러나 여러분도 잘 알겠지만, 남들이 두려워 아테나이인들이 포위 작전을 포기한 적은 한 번도 없었소. 하지만 여러분이 살아남기 위해 협상하겠다고 해놓고는 이토록 긴 논의를 하면서도 그렇게 말하면 살아남을 수 있겠구나 싶은 것은 한마디도 하지 않은 것에 놀라움을 금할 수 없소.

여러분의 주된 논거는 미래의 희망과
관계 있는 데 반해, 여러분의 현재 실력은
지금 여러분이 대치한 세력에 맞서기에는
너무 미약하니까요. 따라서 여러분이
우리더러 나가달라고 요청한 뒤에 더
현명한 결론을 내리지 않는다면 그것은 곧
여러분이 어리석다는 것을 의미할 것이오.
설마 사람들이 명백하고 수치스러운
위험에 직면할 때 차리는 체면 따위에
여러분이 구애받는 것은 아니겠지요.
그 결과는 거의 언제나 파멸이니까요.
많은 사람들이 다가올 위험을 내다볼 수
있으면서도 소위 체면의 마력에
현혹되는데, 그럴 때 그들은 한마디 말의
제물이 되어 돌이킬 수 없는 화를 자초하며,
그들의 수치는 불운보다는 어리석음에서
비롯된 까닭에 더 수치스러운 것이 되지요.
잘 생각해본다면 여러분은 그것을 피하고,
공물을 바치는 대신 동맹국이 되고 영토를
보전한다는 온건한 조건을 제시하는
헬라스 최대 도시에 굴복하는 것이 결코
수치가 아니라는 사실을 알게 되겠지요.

그리고 전쟁과 안전 둘 중 하나를 선택할 수
있는데 굳이 나쁜 쪽을 선택하지는
않겠지요. 대등한 자에게는 양보하지 않고,
강자는 존중하고, 약자는 온건하게 대하는
자들이 대개 성공하는 법이오. 우리가
밖에서 기다리는 동안 이 점을 숙고하시어,
여러분은 여러분 조국의 운명을 논의하고
있으며, 여러분의 조국은 하나뿐이며,
조국의 존망은 여러분의 단 한 번의 결정에
달려 있다는 점을 명심하도록 하시오.

112 그리고 나서 아테나이인들은 회의장을
떠났다. 그러자 멜로스인들은 뒤에 남아
앞서 항변한 것과 같은 결론을 내리고
다음과 같이 답변했다. "아테나이인들이여,
우리의 결정은 처음과 똑같습니다. 우리는
우리가 7백 년을 살아온 이 도시의 자유를
이토록 짧은 순간에 박탈하지 않을
것입니다. 여태껏 우리 도시를 지켜주신
신들의 호의와 인간, 즉 라케다이몬인들의
도움을 믿고 우리는 이 도시를
구원해보겠습니다.

그러나 우리도 조건을 제시하겠습니다.
우리는 여러분이 우리를 친구로,
중립국 시민으로 받아들이고 양국의
이해에 가장 부합하는 조약을 맺은 다음
우리나라를 떠나기를 요청하는 바입니다."

113 멜로스인들은 그렇게 답변했다.
아테나이인들은 회의장을 떠나며 다음과
같이 말했다. "여러분의 결정으로 미루어
짐작하건대, 눈앞에 있는 것보다 미래사를
더 확실한 것으로 간주하고, 단지 그렇게
되기를 바라기 때문에 불확실한 것을
현실로 보는 사람들은 세상에 여러분밖에
없는 듯하오. 하지만 여러분이
라케다이몬인들, 신들의 호의, 희망,
이 세 가지를 믿고 거기에 더 많이 걸수록
그만큼 더 깊이 추락할 것이오."

## 니키아스와 알키비아데스의 연설
### (6권 9~18장)

9   "이번 민회는 우리가 시켈리아로 항해하려면 어떤 준비가 필요한지 논의하기 위해 소집되었습니다. 하지만 나는 함대를 파견하는 것이 과연 바람직한 일인지 재고할 필요가 있다고 생각합니다. 우리는 이런 중대사를 심사숙고해보지도 않고 이방인들의 말만 믿고서 우리와 무관한 전쟁에 말려들지 말아야 합니다. 내게 전쟁은 명예를 얻는 길입니다. 나는 또 어느 누구 못지않게 일신의 안전 따위는 염려하지 않습니다. 그렇다고 해서 자신의 생명과 재산을 염려하는 사람이 훌륭한 시민이 아니라는 말은 아닙니다. 그런 사람은 자신을 위해서라도 도시가 번창하기를 바랄 것이기 때문입니다. 지금까지 나는 명예를 얻기 위해 신념에 배치되는 발언을 한 적이 없지만, 오늘도 그렇게 하지 않고 상책이라고 여기는 바를 말하고자 합니다.

10　내 언변이 여러분의 결정을 바꿀 수 있을 만큼 뛰어나지 못하고, 이미 가진 것을 지키고, 불확실한 미래 때문에 현재의 이익을 위험에 내맡기지 말라고 조언해도 소용없으리라는 것을 알고 있습니다. 그래서 나는 지금은 그런 모험을 할 때가 아니며, 여러분이 지금 추구하는 것은 쉽게 얻어질 수 있는 것이 아니라는 점만 지적할까 합니다.

내가 말하고자 하는 바는, 여러분이 시켈리아로 항해해가면 여기에 수많은 적들을 남겨두고 갈 뿐 아니라 그에 덧붙여 새로운 적들을 이곳으로 불러들이게 되리라는 것입니다. 우리가 맺은 평화조약이 여러분을 지켜줄 것이라고 생각하는 것 같은데, 그 조약은 우리가 가만있는 동안에는 이름뿐인 평화조약이 되겠지만(우리 쪽 몇몇과 라케다이몬 쪽 몇몇이 그렇게 되도록 만들었기 때문입니다), 우리나라의 대규모 군대가 어디에서건 패하면 적군은 당장 우리를 공격할 것입니다. 첫째, 그들은 재난을 당해 마지못해 우리보다 더 불명예스러운 조건으로 평화조약을 맺었고, 둘째, 그 조약에는 아직 쟁점이 많이 남아 있기 때문입니다. 게다가 몇몇 도시는 조약을 그대로 받아들이기를 계속 거부하고 있는데, 그들은 결코 허약한 도시가 아닙니다. 그중 더러는 우리와 공개적으로 전쟁을 하고 있고, 더러는 라케다이몬인들이 아직은 가만있기 때문에 우리와 열흘마다 휴전조약을 갱신하고 있습니다. 여러분이 바라는 대로 우리 군대가 둘로 나뉘는 것을 보면, 그들은 십중팔구 전부터 다른 어떤 동맹군보다 높이 평가한 시켈리아의 헬라스인 이주민과 힘을 모아 우리를 공격하려 할 것입니다. 우리는 이런 점들을 고려해야 합니다. 그리고 지금은 우리 도시가 난처한 입장에 처해 있는데 이미 가진 제국을 확고히 하기 전에 새 제국을 잡으려고 모험을 할 때가 아닙니다.

실제로 트라케의 칼키디케인들은 여러 해 전 우리에게 반기를 들었지만 여전히 복속되지 않았고, 본토에도 우리에게 고분고분 복종하지 않는 자들이 더러 있습니다. 우리는 동맹국 중 하나인 에게스타가 해를 입었다고 서둘러 달려가면서도, 우리 자신에게 그토록 오랫동안 해를 입힌 반란군에 대한 응징은 아직도 망설이고 있습니다.

11 그런데 이 모반자들은 우리가 일단 제압하면 예속시킬 수나 있지만 시켈리아처럼 인구가 많고 멀리 떨어져 있는 섬은 설령 정복한다 해도 지배하기가 몹시 어렵습니다. 정복한다 해도 지배할 수 없고, 실패하면 공격하기 전보다 우리를 더욱 난처하게 만들 사람들을 공격하는 것은 무의미합니다. 내가 보기에, 지금 시켈리아의 헬라스인 이주민은 설령 에게스타인들이 계속 우리에게 겁주고 있듯 쉬라쿠사이의 지배를 받게 된다 해도 우리에게 별 위협이 되지 않습니다.

지금 그들은 라케다이몬인들을 위해 각각의 국가로서 우리를 공격할 수는 있어도, 쉬라쿠사이 제국의 일부로서 우리 제국을 공격하는 일은 없을 것입니다. 그들이 펠로폰네소스인들과 합세해 우리 제국을 파괴할 경우 자신들의 제국도 같은 자들에 의해 같은 방법으로 파괴되리라고 생각하기 때문입니다. 우리가 시켈리아의 헬라스인들을 겁주려면, 그곳에 아예 가지 않는 것이 상책이고, 무력시위를 한 다음 바로 그곳을 떠나는 것이 차선책입니다. 다 알고 있듯, 멀리 떨어져 있어 그 명성이 검증되지 않은 것이 무엇보다 두려움의 대상이 되기 때문입니다. 그러나 우리가 실패하면 두려움이 경멸로 변해 그들은 당장 이곳의 적들과 합세해 우리를 공격할 것입니다. 아테나이인 여러분, 그것은 바로 여러분이 라케다이몬인들과 그들의 동맹군한테서 경험한 것입니다.

처음에는 그들이 두려웠습니다.
그러나 처음에 두려워한 것과는 달리
뜻밖에도 그들에게 성공을 거두자 이제
여러분은 그들을 우습게 보고
시켈리아를 정복하려 하고 있습니다.
그러나 적의 불운에 너무 고무되어서는
안 되고, 작전이 더 훌륭할 때 자신감을
가져야 합니다. 우리는 라케다이몬인들이
수모를 당한 만큼 어떻게 하면 우리에게
일격을 가함으로써 자신들의 명성을
되찾을 수 있을까 지금도 절치부심하고
있음을 알아야 합니다. 그들에게는
용감하다는 명성이 오랫동안 가장 큰
관심사였던 만큼 더욱 그러할 것입니다.
따라서 우리가 현명하다면,
비헬라스인들인 시켈리아의
에게스타인들을 위해 싸울 것이 아니라
우리에게 늘 음모를 꾸미는 라케다이몬의
과두정부에 대해 엄중한 경계 태세를
유지해야 합니다.

12 또 우리는 큰 역병과 전쟁에서 잠시 숨을 돌려 인명 손실과 금전적 손실을 만회하기 시작한 것이 최근 일이라는 점을 명심해야 합니다. 그리고 이런 재원은 이곳에서 우리 자신의 이익을 위해 사용해야 마땅하며, 그때그때 그럴싸한 거짓말을 늘어놓으며 도움을 요청하는 망명자 무리를 위해 낭비되어서는 안 됩니다. 말 외에는 아무것도 기여하는 것이 없는 그들은 위험을 남에게 떠넘기며, 성공해도 사례하지 않고 실패하면 자신들의 후원자들에게 재앙을 안겨주는 자들입니다. 이 자리에 장군으로 선출된 것을 좋아하며 무엇보다도 장군이 되기에는 아직은 너무 젊은 까닭에[10] 이기적인 이유에서 원정을 가야 한다고 사주하는 자가 있다면, 그리고 그가 자신이 먹이는 경주마들 때문에 사람들에게 경탄받기를 원하고 또 그런 일에 많은 비용이 드는 까닭에 장군직에서 이익을

10 알키비아데스는 당시 30대 중반이었다.

얻기를 바란다면, 여러분은 그런 사람이 혼자 멋 부리느라 도시를 위험에 빠뜨리도록 내버려두어서는 안 됩니다. 또한 그런 사람들은 개인의 사치를 위해 공금을 횡령한다는 점과, 이번 일은 젊은 사람에 의해 결정되거나 서둘러 행동에 옮기기에는 너무나 중대하다는 점을 명심하십시오.

13 나는 지금 젊은 지지자들이 그자의 요청을 받고 그와 나란히 이 회의장에 앉아 있는 모습을 보고 두려워하지 않을 수 없습니다. 나는 여러분 가운데 나이 많은 분들의 지지를 호소하는 바입니다. 만약 여러분 중 그의 지지자 옆에 앉은 분이 있다면, 비겁해 보이더라도 창피하게 여기지 말고 전쟁에 반대표를 던지시고, 그들처럼 있지도 않은 것에 대한 치명적인 욕망에 사로잡히지 마십시오. 여러분도 아시다시피 대개 욕심은 실패하고 선견지명은 성공하는 법입니다.

그러니 여러분은 지금 백척간두에 서 있는 조국을 위해 이번 발의에 반대표를 던지고, 시켈리아의 헬라스인 이주민이 효과적인 장벽인 자신들과 우리 사이의 경계를 계속해서 존중하는 한 자신들의 나라에 살며 스스로 자신들의 업무를 처리하는 쪽으로 결의하십시오.

그들과 우리 사이의 경계란 바닷가를 따라 항해할 경우에는 이오니오스 만[11]을, 난바다를 지나 곧장 항해할 경우에는 시켈리아 해를 말합니다.

에게스타인들에게는 무엇보다도 그들이 아테나이와 상의하지 않고 셀리누스와 전쟁을 시작한 만큼 전쟁을 끝내는 것 또한 그들 몫이라고 답변하십시오. 앞으로는 어려울 때 도움을 받으면서도 정작 우리가 도움이 필요할 때는 우리를 위해 아무것도 해줄 수 없는 그런 사람들과 동맹을 맺는 습관을 버려야 합니다.

---

11  지금의 아드리아 해 남부.

14 의장님, 도시의 이익을 보살피는 것이 그대의 업무라고 생각하고, 그대가 진정한 애국자임을 보이고자 한다면, 이 안건을 다시 표결에 부쳐 아테나이인들이 이 안건을 토론하게 해주십시오. 다시 표결에 부치기가 마음에 걸리신다면, 이토록 많은 증인이 있는 만큼 절차를 어겼다는 비난을 받지 않는다는 점도 생각하십시오. 그리고 그런 점에서 그대는 오도된 조국을 위해 의사 노릇을 하고 있으며, 훌륭한 공직자는 조국을 위해 최선을 다하거나, 알면서 조국에 해를 끼치지는 않는다는 점을 명심하십시오."

15 니키아스는 그렇게 말했다. 그러나 연설하려고 앞으로 나온 아테나이인들은 대부분 지난번 결의를 취소하는 것을 반대하고 원정을 지지하는 발언을 했다. 하지만 반대 의견을 말하는 자들도 더러 있었다. 원정의 가장 열렬한 지지자는 클레이니아스의 아들 알키비아데스였다.

그는 늘 자신과 정견을 달리하며 방금 행한 연설에서 자신을 인신공격한 니키아스에게 반대하고 싶기도 했지만, 무엇보다도 장군이 되기를 열망했다. 그럴 경우 그는 시켈리아와 카르케돈을 정복하게 될 테고, 또 그런 성공에 힘입어 개인적으로도 부와 명예를 얻게 되리라고 생각한 것이다. 그는 시민들 사이에 인기가 있었고, 그래서 경주마들을 먹이는 일과 다른 사치에 대한 열정이 그의 재력으로는 감당할 수 없을 정도였다. 실제로 그의 이러한 사치는 훗날 아테나이 시가 몰락한 주요 요인이었다. 대중은 관습에 얽매이지 않는 그의 쾌락주의적 생활 방식이 지나치고, 무슨 일에 개입하든 그가 번번이 엄청난 야망을 드러내는 것에 두려움을 느낀 나머지, 그가 참주가 되려는 줄 알고 그를 적대시했다. 그래서 그가 공인公人으로서는 탁월한 전략가였음에도 시민들은 개인적으로 그의 생활 방식에 혐오감을 느끼고 그를 다른 사람들로 대치함으로써 오래지 않아 도시가 몰락하게 한 것이다.

이때 알키비아데스는 앞으로 나와
아테나이인들에게 다음과 같이 조언했다.

16 "아테나이인 여러분, 나는 누구 못지않게 장군이 될 권리가 있으며 나야말로 그럴 자격이 있다고 생각합니다(니키아스의 인신공격 때문에 이렇게 연설을 시작할 수밖에 없습니다). 내가 비난받고 있는 결정이 선조들과 나 자신에게는 명예를, 우리 도시에는 이익을 가져다주기 때문입니다. 헬라스인들은 우리 도시가 전화를 입어 피폐한 줄 알았는데, 올륌피아 축제[12]에서 내가 사절로서 훌륭한 연출을 한 덕분에 우리 도시의 실력을 실제 이상으로 평가했으니 말입니다. 그때 나는 지금까지 어느 개인이 출전시킨 것보다 더 많은 전차 7대를 출전시켜 1등, 2등, 4등을 차지했고, 그 밖의 다른 일도 내 성적에 어울리게 연출했습니다. 그러한 성공은 통상적으로 명예를 안겨줄 뿐더러 그런 일을 해낸다는 사실은 그럴 만한 실력이 있다는 인상을 주게 마련입니다.

---

12 1년 전인 기원전 416년에 개최된 경기를 말한다.

나는 또 아테나이에서는 코로스의 비용을 대는 등 공적 의무[13]를 수행하고서 '우쭐댄다'고 동료 시민들의 시기를 샀지만, 그것도 이방인들에게는 우리에게 힘이 있다는 인상을 줍니다. 누가 자신의 비용으로 자신뿐 아니라 도시에까지 이익을 가져다준다면 그러한 '어리석음'은 아주 쓸모 있는 것입니다.

그리고 자부심을 느낄 이유가 있는 사람이 남들을 자신과 대등한 사람으로 대하지 않는 것은 결코 부당한 일이 아닙니다. 그것은 마치 불운한 사람이 그 불운을 남들이 나눠 가지리라고 기대할 수 없는 것과 같습니다. 우리가 불운할 때는 아무도 우리를 거들떠보지 않는 것처럼 우리는 성공한 사람에게 멸시받더라도 이를 감수해야 합니다. 아니면 남이 자신을 대등하게 대해주기를 요구하기 전에, 자신도 남을 대등한 사람으로 대할 준비가 되어 있어야겠지요.

---

[13] 당시 아테나이에서는 연극경연에 참가하는 코로스의 의상비와 훈련 비용, 함대의 의장 비용은 국가에서 지정하는 부자들이 도맡았다.

내가 알기로 그런 사람들은, 아니
조금이라도 탁월한 업적을 남긴 사람은
누구나 살아생전에는 특히 대등한
사람들에게 그리고 그들이 접촉하는
다른 사람들에게 인기가 없습니다.
그러나 그들이 죽고 나면 후세 사람들은
아무 근거도 없이 그들의 친척이라고
주장하는가 하면, 그들이 태어난 나라들은
그들이 이방인이나 낙오자가 아니라
훌륭한 일을 해낸 자신들의 아들인 양
자랑거리로 여깁니다.
나는 그런 목표를 추구하고 있으며, 그래서
내 사생활이 비판의 대상이 되고 있습니다.
하지만 여러분, 공무公務를 나보다
더 훌륭하게 처리하는 사람이 있는지
살펴보십시오. 나는 여러분을 큰 위험에
빠뜨리거나 비용을 지우지 않고
펠로폰네소스의 강대국들을 한데 규합해,
라케다이몬인들로 하여금 만티네이아에서
치른 단 하루의 전투 결과에 자신들의 모든
것을 걸게 했습니다.

그리고 그들은 비록 전투에서 이기기는 했지만 아직도 자신감을 완전히 회복하지 못했습니다.

17 그것은 내 '젊음'과 '지나친 어리석음'이 펠로폰네소스인들의 힘을 상대로 성공적인 외교를 펼친 결과, 내가 보여준 열정을 믿고 그들이 내 조언을 따라준 덕분입니다. 그러니 지금 내가 상대적으로 젊다고 해서 불안해하지 마시고, 내게 아직 젊음의 활력이 남아 있고 니키아스에게 행운이 따르는 동안 우리 두 사람이 각각 제공할 수 있는 것을 최대한 이용하십시오. 여러분은 이미 시켈리아 원정을 단행하기로 결의한 만큼 우리가 그곳에서 강대국을 상대하게 되리라 믿어 마음을 바꾸지 마십시오. 시켈리아에는 큰 도시들이 있지만 그 도시들에는 온갖 잡종이 넘쳐나고, 끊임없이 주민이 바뀌거나 새로 유입됩니다.

그 결과 자신의 조국을 위해 싸운다는
마음이 없어서, 아무도 자신의 안전을 위해
무장하거나 시골에 적절한 영농 시설을
유지하려 하지 않습니다. 대신 저마다
그럴듯한 언변이나 당파싸움으로 어떻게든
국고國庫를 축내거나, 여의치 않으면 다른
나라로 이주할 생각을 합니다.
그런 무리는 계획할 때 하나의 의견에
귀를 기울이지 못하고, 행동할 때
공동보조를 취하지 못합니다. 그들은
십중팔구 우리가 매력적인 제안을 하면
우리와 따로따로 조약을 맺을 것입니다.
보고받은 대로 그들이 내분에 휩싸여
있다면 특히 그러할 것입니다.
그들의 중무장 보병도 그들이 자랑하듯
그렇게 많지 않습니다. 그들 역시 다른
헬라스 국가들의 경우와 마찬가지입니다.
이들 국가는 저마다 자국의 실제 병력을
과대평가한 탓에, 이번 전쟁에서 충분한
병력을 간신히 조달했으니 말입니다.

내가 들은 바에 따르면, 이상이 그곳
사정입니다. 아니, 그보다 더 수월합니다.
우리가 쉬라쿠사이인들을 공격하면
그들을 미워하는 수많은 비非헬라스인들이
우리 편에 가담할 테니 말입니다. 또한 이곳
헬라스의 상황은 여러분이 잘 생각해보면
우리에게 방해가 되지 못합니다.
일부 사람들은 우리가 출항하면 적을
뒤에 남겨두고 떠나는 것이라고 말하는데,
우리 선조도 똑같은 적을 뒤에 남겨두고
페르시아인들과 대적했지만 오직 해군력의
우위에 힘입어 제국을 건설했습니다.
펠로폰네소스인들이 우리 앞에서 지금처럼
이렇게 의기소침한 적은 없었습니다.
설령 자신감을 회복한다 해도 우리나라에
육로로만 침입할 수 있는데, 그것은 우리가
시켈리아로 출항하지 않더라도 얼마든지
할 수 있습니다. 그러나 바닷길로는
우리에게 전혀 해를 끼칠 수 없습니다.

우리는 그들의 함대에 맞설 함대를 뒤에 남겨둘 것이기 때문입니다.

18  사정이 이러하거늘 우리가 무슨 그럴듯한 핑계를 대며 주춤거릴 것이며, 우리가 돕지 않는 것을 시켈리아의 우리 동맹국들에게 어떻게 이해시킬 수 있겠습니까? 동맹을 맺은 이상 그들이 우리를 돕지 않았다고 이의를 제기하지 말고 마땅히 그들을 도와야 합니다. 우리가 그들과 동맹을 맺은 것은 그들이 이곳으로 원군을 보내주기를 바라서가 아니라 그들이 그곳의 우리 적들을 괴롭혀 우리를 공격하러 이곳으로 오지 못하게 하기 위해서였습니다. 다른 제국들의 경우도 마찬가지겠지만, 우리가 이만한 제국을 세울 수 있었던 것은 헬라스인이든 비헬라스인이든 우리에게 도움을 요청하면 우리가 언제나 적극적으로 도와주었기 때문입니다. 만약 우리 모두 잠자코 있거나 원조를 제공할 때 종족 차별을 한다면, 제국을 늘리기는커녕 지금 이 제국조차 다 잃게 될 것입니다.

우리는 강대국이 공격해올 때만 막을 것이 아니라 공격하지 못하도록 미리 조치를 취해야 합니다.

그리고 우리는 우리 제국이 얼마나 커지기를 원하는지 딱 잘라서 말할 수 없습니다. 현 단계에서는 지금 우리에게 예속된 자들은 통제하고 다른 자들은 예속시킬 계획을 세울 수밖에 없습니다. 우리가 남을 지배하지 않으면 남이 우리를 지배할 위험이 있기 때문입니다. 잠자코 있는 것은 여러분이 선택할 수 있는 일이 아닙니다. 다른 사람이라면 그럴 수 있어도, 여러분은 그럴 수 없습니다. 그에 맞춰 여러분이 생활 방식을 완전히 바꾸기 전에는 말입니다.

그러니 그곳에서의 전쟁이 이곳에서의 우리 힘을 증강시켜준다고 확신하고 출항합시다. 우리가 현재의 평화 상태에 안주하지 않고 시켈리아로 항해하는 것을 보면 펠로폰네소스인들은 콧대가 꺾일 것입니다.

동시에 우리는 아마도 시켈리아에서 얻은
것에 힘입어 헬라스의 패권을 잡거나
적어도 쉬라쿠사이를 약화시킬 텐데,
그것은 우리 자신과 우리 동맹국들에
이익이 될 것입니다. 우리의 함대가 안전을
보장해주는 만큼 우리는 일이 잘되면
그곳에 머물 수도 있고, 아니면 떠날 수도
있습니다. 우리는 해군력에서 시켈리아의
헬라스인 이주민을 모두 합친 것보다
더 우세해질 테니 말입니다. 니키아스는
개입하지 말자고 주장하며 청·장년층을
구별 짓는데, 여러분은 이에 넘어가지
마십시오. 우리 선조는 젊었을 때부터
노소가 함께 결정에 참여하는 검증된
체제를 유지하며 우리 도시를 지금처럼
위대하게 만들어놓았거늘, 지금 여러분도
같은 방법으로 도시를 더 위대하게
만들고자 노력해야 할 것입니다. 게다가
젊음도 노년도 서로 함께하지 않으면
아무것도 해낼 수 없으며, 가장 효과적인

정책은 경박하거나 평범하거나 알차거나 온갖 종류의 의견을 뒤섞는 것이라는 점을 명심하십시오. 다른 것들도 마찬가지지만 도시도 가만있으면 저절로 질이 떨어지고 그 기술이 낡아버리는데, 계속해서 전쟁을 하다 보면 경험이 축적되어 말이 아닌 행동으로 자신을 지키는 데 익숙해진다는 점도 명심하십시오. 결론적으로 말해, 본성적으로 활동적인 도시가 그 본성을 바꿔 나태해지면 금세 망하지만, 설령 본성과 제도가 완전하지 못해도 사람들이 되도록 거기에서 벗어나지 않을 때 나라의 안전은 가장 확실히 담보됩니다."

## 헤르모크라테스와 에우페모스의 연설
**(6권 76~87장)**

76 "카마리나인 여러분, 우리가 사절로 온 것은 여러분이 여기 와 있는 아테나이군에게 주눅 들까 우려해서가 아니라 우리 쪽에서 하는 말을 들어보기도 전에 저들이 하는 말에 설득당할까 염려되었기 때문입니다. 그들은 여러분도 잘 아는 핑계를 대고 여기 시켈리아에 와 있지만, 우리 모두 그 저의를 의심하고 있습니다. 내 생각에 그들은 레온티노이인들을 다시 정착시키기 위해서가 아니라 우리를 다른 곳으로 이주시키려고 온 것 같습니다. 그들의 주장에는 일관성이 없습니다. 그들은 헬라스에서는 주민을 내쫓으면서 시켈리아에서는 주민을 제자리로 복귀시키니 말입니다. 말하자면 그들은 동족이라는 이유로 레온티노이의 칼키스계 주민에게는 온갖 호의를 보이면서도 정작 레온티노이의 모국인 에우보이아의 칼키스 주민은 예속시켜 노예로 삼았습니다.

아니, 그들은 헬라스에서 제국을 건설한 것과 똑같은 방법으로 지금 이곳에서도 제국을 건설하려 합니다. 그들은 페르시아인들을 응징하기 위한 전쟁에서 이오네스족과 다른 식민지 동맹국 주민의 뜻에 따라 일단 주도국이 된 후에는 더러는 부대를 파견하지 않는다고, 더러는 서로 싸운다고, 그때그때 그럴듯한 핑계를 대며 그들을 모두 예속시켰습니다. 그러니 대對페르시아 전쟁에서 아테나이인들은 헬라스의 자유를 위해, 헬라스인들은 자신들의 자유를 위해 싸운 것이 아니라 아테나이인들은 페르시아 제국을 자신의 제국으로 대치하기를 원했고, 그들은 전前주인을 더 영리하기는 하지만 더 나쁜 일에 영리한 새 주인으로 바꾸기 위해 싸운 꼴이 되고 말았습니다.

77　그러나 우리가 여기 온 이유는 아테나이처럼 비난받기 쉬운 도시가 저지른 잘못을 이미 알 만큼 알고 있는 여러분에게 그것을 열거하기 위해서가 아닙니다.

더 비난받아 마땅한 것은 우리 자신입니다.
우리는 아이가이온 해의 헬라스인들이
서로 돕지 않아 노예가 된 선례를 보았고,
아테나이인들이 지금 우리에게
레온티노이의 동족을 복귀시키느니
에게스타의 동맹군을 돕느니 하며
똑같은 술수를 쓰고 있음에도
일치단결하지 못하고 있습니다. 여기 있는
우리는 이오니아인들이나 헬레스폰토스
해협 해안 주민들이나, 페르시아인이든
다른 사람들이든 끊임없이 새 주인을
섬기는 섬 주민들이 아니라 자유로운
펠로폰네소스에서 시켈리아로 건너와 사는
자유민인 도리에이스족임을 분명히
보여주고 싶어 하지 않으니 말입니다.
아니면 우리는 그렇게 하는 것이 우리를
정복하는 유일한 방법임을 뻔히 알면서도
우리 도시들이 하나씩 따로따로
정복되기를 기다리는 것입니까?

그들이 설득 작전으로 우리 사이를
이간질하고, 원조를 제공함으로써 전쟁을
부추기고, 다른 나라들에는 그때그때
감언이설로 해악을 끼치는데도 말입니다.
먼 곳에 사는 같은 시켈리아인들이 먼저
파멸해도 우리는 위험하지 않을 것이며,
불운은 우리에게 미치기 전에 먼저 당한
자들에 국한되리라고 생각하는 것입니까?

78 여러분 가운데 누가 아테나이의 적은
쉬라쿠사이이지 카마리나가 아니라고
생각하고 우리나라를 위해 위험을
무릅쓰는 것에 이의를 제기한다면,
이 점을 명심하십시오. 그가 여기서
싸운다면 우리나라를 위해서 싸우는 만큼
자기 나라를 위해서도 싸우는 것이며,
우리가 먼저 쓰러지지 않는 한 그는 혼자
싸우지 않고 우리를 동맹군으로 삼은 만큼
더 안전할 것입니다. 그는 또 아테나이인들이
노리는 것은 쉬라쿠사이의 적대감을
응징하는 것 못지않게 쉬라쿠사이인들을

핑계 삼아 카마리나인들의 '우정'을
확보하는 것임을 알아야 합니다.
만약 누가 우리를 시기하거나
두려워하여(강대국은 시기와 두려움의
대상이 되게 마련입니다) 이 때문에
쉬라쿠사이가 덜 교만하도록 약화되기를
원하면서도 자신의 안전을 위해
쉬라쿠사이가 살아남기를 바란다면,
그는 인간의 능력을 넘어서는 것을 원하는
것입니다. 인간은 자신의 소망에 따라
운명을 조절할 수 없기 때문입니다. 또한
예상이 빗나간다면 그는 곧 자신의 불행을
탄식하며 십중팔구 한 번 더 우리의 행운을
시기할 수 있었으면 할 것입니다.
그러나 그가 우리를 버리고, 말이야 어떻든
실제로는 우리에게나 자신에게나 똑같이
위협이 되는 이번 위험을 분담하기를
거절한다면 그것은 불가능합니다.
말로는 우리의 힘을 유지하기 위해
싸운다지만, 사실은 그 자신이 살아남기
위해 싸우는 것입니다.

카마리나인 여러분, 우리와 국경을 맞대고 있고 우리 다음으로 위험선상에 오른 만큼, 누구보다도 이런 일을 미리 내다보고 우리를 지금처럼 이렇게 미온적으로 지원할 것이 아니라 우리가 여러분에게 오는 대신 여러분이 우리에게 왔어야 합니다. 또한 아테나이인들이 카마리나를 먼저 공격했더라면 여러분은 우리에게 도와달라고 간청했을 텐데, 그처럼 여러분도 우리더러 적군에게 항복하지 말라고 격려했어야 합니다. 그러나 지금은 여러분도 다른 사람들도 그런 열성을 보이지 않는군요.

79 여러분은 아마 겁이 나서 우리와 침략자들에 대해서 똑같이 공정한 태도를 취하려 하며 아테나이와의 동맹조약을 내세우겠지요. 그러나 그 동맹조약은 여러분의 친구들을 겨냥하고 맺은 것이 아니라 여러분이 적의 공격을 받을 때에 대비하여 맺은 것이며, 아테나이가

지금처럼 이웃나라들을 공격할 때가
아니라 피해를 입을 때에 대비하여
아테나이를 돕고자 맺은 것입니다.
하지만 칼키스계인 레기온인들조차
레온티노이의 같은 칼키스계 주민을
재정착시키는 데 아테나이인을 돕기를
거부하고 있습니다. 레기온인들은
그럴듯한 핑계 뒤에 감춰진 저의를
의심하고 논리보다 원칙을 택하는데,
여러분은 논리를 핑계로 내세우며 타고난
적을 돕고, 우리의 불구대천의 원수와 힘을
모아 여러분의 친족들을 멸하려 한다면
이 어찌 놀라운 일이 아니겠습니까?
그것은 분명 옳은 일이 아닙니다. 그들을
물리쳐야 하며 그들의 병력 규모에 주눅
들면 안 됩니다. 우리가 단결한다면
두려워할 것이 하나도 없습니다. 다만
그들의 의도대로 우리가 단결하지 못하고
뿔뿔이 흩어지면 그때는 두렵겠지요.
그들은 우리 쉬라쿠사이인들만을 공격하여
전투에서 이겼을 때도 목적을 달성하지
못하고 서둘러 철수했습니다.

80 그러니 우리가 모두 단결한다면 낙담할 이유가 없으며, 오히려 더 흔쾌히 동맹에 가입해야 합니다. 무엇보다도 펠로폰네소스로부터 군사 기술에서 어느 모로 보나 아테나이인들보다 더 우수한 원군이 오고 있습니다. 그리고 어느 누구도 여러분이 양쪽과 동맹을 맺고 있는 만큼 어느 편에도 가담하지 않는 조심스러운 조치를 취하는 것이 우리에게는 공정하고 여러분에게는 안전하다고 생각해서는 안 됩니다. 이론상 공정해 보일지 몰라도 실제로는 그렇지 않습니다. 만약 여러분이 함께 싸우지 않은 까닭에 패자는 망하고 승자는 살아남는다면, 결국 불개입 때문에 희생자가 살아남도록 지켜주지 못하고, 공격자가 범죄를 저지르지 못하도록 제지하는 데 실패한 셈이 아닌가요? 분명 더 고상한 행동은, 여러분의 동족으로 부당하게 박해받는 자들 편이 되어 시켈리아의 공동 이익을 수호하고 여러분의 아테나이인 친구들이 과오를 저지르지 않게 하는 것입니다.

간단히 말해 우리의 주장은, 여러분도 잘 알고 있는 일을 우리가 여러분이나 다른 사람들에게 세세히 설명할 필요가 없다는 것입니다. 우리는 설명하러 온 것이 아니라 호소하러 왔습니다. 우리가 여러분을 설득하는 데 실패하면 우리는 숙적인 이오네스족에게 공격당하고 있으며, 도리에이스족인 우리가 같은 도리에이스족인 여러분에게 배신당하고 있다고 엄중히 항의할 것입니다. 만약 아테나이인들이 우리를 정복하면, 그들이 승리한 것은 여러분 결정 덕분이지만 자신들 공로로 돌릴 것이며, 그들이 받게 될 승리의 상賞은 다름 아니라 승리하도록 도와준 바로 여러분이 될 것입니다. 반면 우리가 승리하면, 여러분은 우리를 그런 위험에 빠뜨린 벌을 면치 못할 것입니다. 그러니 심사숙고하여 선택하십시오.

위험은 모면하되 당장 노예가 될 것인지,
아니면 우리와 함께 적을 막아냄으로써
아테나이에 예속되는 수모와
금세 사그라지지 않을 우리의 원한을
피할 것인지 말입니다."

81 헤르모크라테스가 그렇게 말하자 이어서
아테나이 사절 에우페모스가 다음과 같이
말했다.

82 "우리가 온 것은 종전의 동맹조약을
갱신하기 위해서였지만, 쉬라쿠사이인이
우리를 비방하니 우리가 제국을 유지할
수밖에 없는 이유들을 말하지 않을 수
없습니다. 그런데 실은 이오네스족이
도리에이스족의 숙적이라고 말함으로써
그는 가장 중요한 증언을 해준 셈입니다.
그것은 사실입니다. 우리는
이오네스족이고 펠로폰네소스인들은
도리에이스족입니다. 그들은 우리보다
수가 더 많고 우리 가까이에 삽니다.
그래서 우리는 그들에게 예속되지
않으려고 늘 조심했습니다.

페르시아 전쟁 때 해군을 양성한 뒤에야 우리는 라케다이몬인들의 제국과 지휘권에서 벗어났습니다. 당시 그들이 우리보다 더 강력했다는 이유 말고는 우리가 그들에게 명령할 권한이 없었던 만큼이나 그들도 우리에게 명령할 권한이 없었습니다. 그 뒤 우리 도시는 자진하여 페르시아 왕의 속국이 된 나라들의 지도국이 되었는데, 자신을 지킬 힘을 가진 지금 그렇게 해야만 펠로폰네소스인들에게 예속될 위험이 가장 적다고 판단했기 때문입니다. 또 엄밀히 말해 쉬라쿠사이인들의 말처럼 우리의 억압받는 동족들인 이오네스족과 섬 주민들을 예속시킨 것은 부당한 처사라 할 수 없습니다. 이들 동족은 페르시아인들에게 붙어 자신의 모국인 아테나이를 공격했으며, 도시를 버리고 떠났을 때의 우리처럼 재산을 잃는 한이 있더라도 페르시아에 반기를 들 용기가 없어서 스스로 노예가 되고, 우리까지 노예로 만들려 했기 때문입니다.

83  우리는 지금의 제국을 가질 자격이 있습니다. 첫째, 우리는 최강의 해군력을 제공하고 거침없는 용기로 헬라스를 위해 봉사한 반면, 지금 우리에게 예속된 자들은 우리를 망치려고 페르시아에 적극적으로 부역했기 때문입니다.

둘째, 펠로폰네소스인들에게 대항할 힘을 갖추는 것이 우리의 소망이기 때문입니다. 혼자 힘으로 비非헬라스인 침입자를 타도했으니 우리가 제국을 가지는 것은 정당하다거나, 우리가 위험을 무릅쓴 것은 우리를 포함한 만인의 자유를 위해서가 아니라 우리에게 예속된 자들의 자유를 위해서였다는 따위의 미사여구를 늘어놓지는 않겠습니다. 저마다 나름대로 자신의 안전을 추구하는 것은 나무랄 일이 아닙니다. 우리는 지금 우리의 안전을 위해 여기 시켈리아에 와 있으며, 보아하니 여러분과 우리는 이해관계가 일치하는 것 같습니다.

우리는 이를 쉬라쿠사이인들이 우리를 비난한 말과 여러분이 지나치게 주눅 들어 틀림없이 우리에게 품고 있을 의혹을 통해 밝히겠습니다. 사람들은 겁이 나거나 의혹이 생길 때는 감정에 영합하는 논리에 잠시 귀가 솔깃하지만 나중에 행동할 때가 되면 자신의 이해관계를 따르는 법입니다. 앞서 말했듯 우리가 헬라스에 제국을 유지하는 것은 두려움 때문이며, 우리가 친구들과 함께 사태를 안정시키려고 이곳에 온 것도 두려움 때문입니다. 여러분을 노예로 만들기 위해서가 아니라 여러분이 노예가 되는 것을 막기 위해서라는 말입니다.

84  어느 누구도 우리가 여러분에게 관심을 두는 것을 남의 일에 참견하는 것이라고 말해서는 안 됩니다. 왜냐하면 여러분이 안전하고 쉬라쿠사이에 대항할 만큼 강력하다면, 쉬라쿠사이인들이 우리를 해치기 위해 펠로폰네소스에 원군을 파견할 가능성은 줄어들 것이기 때문입니다.

그런 맥락에서 여러분은 우리에게
중차대한 관심사입니다. 같은 이유에서
우리가 레온티노이인들의 독립을
되찾아주고, 에우보이아에 있는 그들의
동족처럼 우리의 속국으로 만들기는커녕
되도록 그들이 강력해지도록 돌보아주는
것은 자가당착이 아닙니다.
그래야만 그들이 우리를 위해 자신들의
변경지역에서 쉬라쿠사이에 골탕을
먹일 수 있을 테니까요.
헬라스에서는 우리가 자력으로 적을
상대할 수 있을 만큼 충분히 강력합니다.
그래서 헬라스에서는 우리가 칼키스계
주민을 노예로 삼으면서 시켈리아에서는
그들을 해방하는 것은 자가당착이라고
헤르모크라테스가 주장한다면,
그는 헬라스에서는 그들이 무장하지 않고
공물만 바치는 것이 우리 이익에
부합하지만 여기 시켈리아에서는
레온티노이인들과 다른 우방이 완전
독립하는 것이 우리 이익에 부합한다는
점을 알아야 합니다.

**85** 참주나 도시가 절대 권력을 행사하는 경우에는 이익이 되는 것이면 무엇이든 불합리하지 않으며, 신뢰할 수 없으면 혈연 같은 것도 소용 없습니다. 친구도 적도 그때그때 상황에 따라 결정됩니다. 그리고 여기 시켈리아에서는 우리 우방들을 약화시키지 않고, 그들이 가진 힘을 우리 적국들을 무력화하는 데 이용하는 것이 우리 이익에 부합합니다. 여러분은 그 점을 믿어야 합니다. 헬라스에서는 우방들이 저마다 우리에게 가장 쓸모 있도록 우리가 조종합니다. 이를테면 키오스인들과 메튐나인들은 함선을 제공하고 독립을 유지합니다. 대부분의 우방은 공물을 바치도록 더 가혹하게 강요받고, 다른 우방들은 섬 주민들인지라 우리가 쉽게 정복할 수 있지만 펠로폰네소스 주위의 전략적 요충지에 자리 잡고 있어 완전한 자유를 누리고 있습니다.

여기 시켈리아에서의 정책도 당연히 우리의 이익과, 앞서 말했듯 쉬라쿠사이인들에 대한 우리의 두려움에 맞춰 조정되어야 합니다. 쉬라쿠사이인들의 목표는 여러분을 지배하는 것이며, 그들의 정책은 우리에 대한 여러분의 의심을 이용해 여러분을 단결시킨 후 힘으로 또는 아무것도 이루지 못하고 우리가 철수할 경우 여러분이 고립무원의 처지가 된 것을 이용해 시켈리아의 지배자가 되는 것입니다. 여러분이 그들과 연합하면 그런 일은 불가피합니다. 그토록 강력한 연합군을 우리가 상대하기란 쉽지 않을 테니 말입니다. 또한 우리가 사라지고 나면 쉬라쿠사이인들은 여러분이 감당하기에는 너무 강할 것입니다.

**86** 누가 이와 다르게 생각한다면 사실 자체가 그를 반박합니다.

처음에 도움을 요청했을 때 여러분이
우리에게 내세운 것은, 만약 여러분이
쉬라쿠사이인들의 수중에 떨어지게
내버려둔다면 우리 자신이 위험해진다는
위협이었습니다. 이제 와서 여러분이
우리를 설득할 수 있을 것이라고 믿었던
논리를 거부하거나, 우리가 쉬라쿠사이에
맞서기 위해 예상보다 더 많은 병력을
이끌고 왔다고 해서 우리를 의심한다면
이는 옳지 못합니다. 여러분은 오히려
쉬라쿠사이인들을 더 의심해야 합니다.
우리는 여러분의 도움 없이는 여기 머무를
수 없습니다. 설령 우리가 비열하게도
여러분의 독립을 박탈한다 해도,
여기까지는 뱃길이 멀고 대륙 세력
수준으로 무장한 대도시들에 수비대를
배치하기가 어려워 여러분을 통제할 수
없을 것입니다. 하지만 쉬라쿠사이인들은
여러분의 가까운 이웃으로, 군영에서 살지
않고 우리가 이끌고 온 군대보다 규모가
더 큰 도시에 살면서 여러분에게 끊임없이
음모를 꾸미고 있습니다.

또한 그들은 예컨대 레온티노이를 처리한 것을 보면 알 수 있듯, 기회를 잡으면 절대 놓치지 않습니다. 그런 그들이 지금 뻔뻔스럽게도 그들의 의도를 제지하며 여태껏 시켈리아가 그들에게 예속되는 것을 막아준 사람들에 대항해 자기편이 되어달라고 여러분에게 간청합니다. 이는 여러분을 바보로 보는 것이 아니고 무엇이겠습니까!
우리는 여러분에게 훨씬 더 실질적인 안전을 제안합니다. 그것은 우리 양국의 상호관계에 이미 내재하며, 여러분은 부디 그것에 등을 돌리지 마십시오. 그리고 쉬라쿠사이인들은 수가 많아서 동맹군 없이도 언제든 여러분을 공격할 수 있는 길이 열려 있지만, 여러분에게는 지금 우리가 제공하려는 강력한 군대의 도움을 받아 자신을 지킬 기회가 자주 주어지지 않으리라는 점을 명심하십시오.

만약 여러분이 우리의 저의를 의심하여 우리가 아무것도 이루지 못하고 또는 패배하여 시켈리아를 떠날 경우, 여러분이 우리 군대의 일부라도 다시 보고 싶어질 때가 올 것입니다. 하지만 그때는 군대가 돌아와도 여러분을 도울 수 없을 것입니다.

87 그러니 카마리나인 여러분. 여러분도 다른 사람들도 쉬라쿠사이인들의 모함에 휘둘리지 마십시오. 여러분에게 우리가 의심받고 있는 부분에 관한 진실을 남김없이 말했으며 그 요점들을 한 번 더 상기시키겠습니다. 그러면 여러분도 이해할 것입니다. 우리의 주장인즉, 우리가 헬라스에서 지배하는 것은 남에게 지배당하지 않기 위해서이며, 우리가 시켈리아에서 주민을 해방하는 것은 우리를 해코지하는 데 그들이 이용당하는 것을 막기 위해서입니다. 우리가 여러 가지 일에 개입하지 않을 수 없는 이유는 지켜야 할 것이 많기 때문입니다.

우리는 이전이나 지금이나 여러분 중에
핍박받는 이들의 동맹군으로서 여기
온 것이며, 자청해서 온 것이 아니라
도와달라는 요청을 받고 왔습니다. 그러니
여러분은 우리의 태도에 대해 재판관이나
단속관 노릇을 하며 그것을 바꾸려 하지
마십시오. 지금 와서 그것은 쉬운 일이
아닙니다. 대신 우리의 활동적인 성격 중
여러분의 목적에 유용한 것이 있다면 이를
택하여 이용하십시오. 그리고 여러분은
우리의 그런 특징이 모든 이에게 언제나
해를 끼치기는커녕 많은 헬라스인들에게
유익하다는 점을 명심하기 바랍니다.
그것은 우리가 현장에 가 있지 않는 곳을
포함하여 어떤 장소에서도,
어떤 사람들에게도 효과가 있습니다.
공격당할까 두려워하는 사람들도,
실제로 공격을 계획하는 사람들도
우리의 개입 가능성을 항상 염두에 두어야
하기 때문입니다.

전자는 우리의 도움을 기대할 수 있고, 후자는 우리가 개입하면 자신의 모험에 위험이 따른다는 점을 고려해야 합니다. 그리하여 둘 다 우리의 힘을 의식하고는 후자는 어쩔 수 없이 재고하게 되고, 전자는 애쓰지 않고도 구원받게 되는 것입니다. 여러분은 청하는 사람은 누구나 가질 수 있으며 지금 이 순간 여러분에게 제공되고 있는 그러한 안전을 거부하지 마십시오. 여러분도 남들처럼 우리와 함께하십시오. 그리고 언제나 쉬라쿠사이인들을 경계하는 대신 태도를 바꾸어 그들에게 위협당하면 그들을 위협하십시오."

## 알키비아데스의 연설
**(6권 89~92장)**

89 "나는 먼저 여러분이 내게 품고 있을 편견에
관해 말씀드려야 할 것 같습니다. 그래야만
내가 공동 관심사를 말할 때 나를 의심해
귀 밖으로 듣는 일이 없을 테니까요.
내 선조는 무언가 오해가 있어 여러분의
아테나이 현지인 영사직을 사퇴했습니다.
그러나 나는 그 직책에 취임하여 특히
여러분이 필로스에서 재앙을 당했을 때
여러분을 위해 성실히 봉사했습니다.
나는 열심히 여러분을 돕고 싶었지만,
아테나이와 평화조약을 맺을 때 여러분은
내 정적들을 통해 협상을 진행함으로써
그들의 영향력은 키워주고
내게는 불명예를 안겨주었습니다.
따라서 내가 아르고스와 만티네이아 편이
되어 여러 방법으로 여러분과 대립했을 때
여러분이 해를 입었다 해도
나를 비난할 권리는 없습니다.

그러니 여러분이 고통받던 그때 여러분
가운데 누가 부당하게 내게 분개한 적이
있다면 이제야말로 사실을 직시하고
생각을 바꿔야 할 때입니다. 그리고 내가
민중 편에 섰다고 해서 나를 얕잡아보는
사람이 있다면, 이 역시 나를 모욕할 이유가
되지 않는다는 것을 알아야 합니다.
우리 가족은 언제나 참주들에
반대했습니다. (민주정치란 절대 권력에
반대하는 모든 세력에 붙여진 이름입니다.)
그래서 우리는 계속해서 대중의 지도자
노릇을 해왔던 것입니다. 게다가 우리는
민주국가에서 살았던 만큼 어쩔 수 없이
대체로 일반적인 상황에 순응할 수밖에
없었습니다. 하지만 우리는 더욱 온건한
형태의 정치를 함으로써 민주주의에
내재한 무책임성을 완화하려 애썼습니다.
그런데 예나 지금이나 대중을 나쁜 길로
인도하는 자들이 있으니, 나를 추방한
자들도 바로 그런 자들입니다.

그러나 우리는 국가 전체의 지도자였던 만큼, 도시가 가장 위대하고 가장 자유로웠던, 선조한테서 물려받은 정부 형태를 유지하는 데 모두 협력하는 것이 옳다고 생각했습니다. 우리 가운데 조금이라도 지각 있는 사람은 민주주의가 무엇을 뜻하는지 알았고, 그 점은 나도 마찬가지였습니다. 나는 민주주의의 피해자였기에 누구보다도 민주주의를 비판할 이유가 있습니다. 그러나 불합리한 정부 형태라고 누구나 동의하는 민주주의에 관해서는 새로 말할 것이 없습니다. 그리고 우리는 여러분이 우리와 교전하는 동안에는 민주주의를 바꾸는 것이 안전하지 못하다고 생각했습니다.

90 나에 대한 편견에 관해서는 이쯤 해둡시다. 이제부터는 여러분이 논의해야 할 주제와 관련해 내가 하는 말에 귀를 기울이십시오. 그에 관해서는 아마 내가 더 잘 알고 있을 테니 말입니다.

우리가 시켈리아로 배를 타고 간 것은, 첫째, 가능하다면 시켈리아의 헬라스인 이주민을 정복하고, 둘째, 그들에 이어 이탈리아의 헬라스인 이주민을 정복하고, 끝으로 카르케돈 제국과 카르케돈 자체를 공격하기 위해서였습니다.
이 계획이 성공하면 우리는 그다음으로 펠로폰네소스를 공격할 계획이었습니다. 우리는 그쪽에서 추가로 얻게 될 모든 헬라스인 군대뿐 아니라 이베리아인들과 그 밖에 지금 그쪽에서 비非헬라스인들 가운데 가장 훌륭한 전사로 인정받는 다른 부족들을 포함하여 수많은 비헬라스인 용병을 데려올 수 있을 테니까요.
또한 이탈리아의 풍부한 목재로 더 많은 삼단노선을 건조할 것이며, 그렇게 증강된 함대로 펠로폰네소스 반도 해안을 효과적으로 포위하고 봉쇄할 수 있을 것입니다. 동시에 우리 보병은 여러분의 도시들에 지상 작전을 전개함으로써 더러는 직접 공격하여, 더러는 방벽을 쌓고 포위하여 함락할 것입니다.

그렇게 하면 여러분을 쉽게 제압해 헬라스 세계 전체의 지배자가 되리라고 생각했습니다. 군자금과 군량은 우리가 여기 헬라스에서 거두어들이는 세수에는 손대지 않고 그쪽에서 획득한 것만으로도 넉넉히 댈 수 있을 것입니다.

91 여러분은 지금 진행되고 있는 원정의 목표를 가장 잘 알고 있는 사람한테서 들었습니다. 그리고 그곳에 남아 있는 장군들은 가능하다면 그런 계획들을 실행할 것입니다. 여러분이 돕지 않으면 시켈리아는 버티지 못합니다. 그 까닭을 설명하겠습니다. 시켈리아의 헬라스인 이주민은 경험이 미숙하기는 해도 일치단결하기만 하면 지금도 살아남을 수 있습니다. 그러나 벌써 모든 병력을 투입하고도 전투에서 패한 데다 해상봉쇄를 당한 쉬라쿠사이만으로는 지금 시켈리아에 파견된 아테나이군을 감당하지 못할 것입니다.

또한 쉬라쿠사이가 함락되면 시켈리아의
다른 도시들도 함락될 것이며, 이탈리아도
곧 그렇게 될 것입니다. 그렇게 되면
그쪽에서 여러분에게 닥칠 것이라고
방금 내가 말한 위험이 곧 여러분에게 닥칠
것입니다. 그러니 지금 논의 중인 이 문제가
시켈리아만의 문제라 생각하지 마십시오.
만약 여러분이 신속하게 다음과 같은
조치들을 취하지 않으면 그것은
펠로폰네소스의 문제가 될 것입니다.
여러분은 손수 노를 저을 수 있고
도착하자마자 중무장보병으로 복무할 수
있는 부대를 시켈리아로 보내십시오.
그리고 나는 이것이 군대보다 더
중요하다고 보는데, 스파르테인 사령관을
파견하여 기존의 병력을 조직화하고
기피자들에게 병역 의무를 다하도록
강제하십시오. 그렇게 하면 여러분의
기존 친구들은 용기가 생길 것이고,
망설이는 자들은 더욱더 두려움 없이
여러분에게 가담할 것입니다.

동시에 여러분은 헬라스에서도 공개적으로 치열한 전투를 벌여, 쉬라쿠사이인들에게 여러분이 관심을 갖고 있다는 확신을 심어줌으로써 그들의 저항을 격화시키고, 아테나이인들이 시켈리아에 가 있는 자신들의 병력에 증원부대를 파견하기 더 어렵게 만드십시오.
또한 여러분은 앗티케 지방의 데켈레이아를 요새화해야 합니다. 그것은 아테나이인들이 늘 가장 두려워하던 일로, 이번 전쟁에서 자신들이 겪어보지 못한 유일한 재앙으로 간주하고 있습니다. 적에게 타격을 가하는 가장 효과적인 방법은 적이 가장 두려워하는 급소를 확실히 알아내 곧장 그곳을 공격하는 것입니다. 적은 자신의 급소를 누구보다 정확히 알고 있고, 그래서 두려워하는 것입니다. 여러분이 데켈레이아를 요새화하면 여러분은 무엇을 얻고 아테나이는 무엇을 잃게 될지, 다른 것들은 생략하고 가장 중요한 것들만 요약해서 말하겠습니다.

그 주변 일대의 모든 재물이 더러는
노획되어, 더러는 제 발로 여러분 수중에
들어올 것입니다. 아테나이는 라우레이온
산의 은광에서 들어오는 세수와
지금 영토와 법정들에서 들어오는 수입을
당장 빼앗길 것입니다. 무엇보다도
동맹국들에서 들어오는 공물이 줄어들
것입니다. 여러분이 마침내 적극적으로
전쟁을 한다 싶으면 아테나이에 대한
그들의 경외심이 줄어들 테니 말입니다.

92 그런 일들이 얼마나 신속하고 적극적으로
실행되느냐는 여러분에게 달려 있습니다.
라케다이몬인 여러분! 나는 그런 일들이
실행될 수 있다고 확신하며, 내가 잘못
판단했다고는 생각하지 않습니다.
청컨대, 여러분 가운데 어느 누구도
한때 애국자로 명성이 자자하던 내가
철천지원수들과 힘을 모아 내 조국을
적극적으로 공격한다고 해서 나를 가볍게
보지 마십시오.

여러분은 또 내가 추방자의 복수심에서 그렇게 말하는 것이라고 의심하지 마십시오. 내가 추방자가 된 이유는 나를 내쫓은 자들이 비열했기 때문이지, 여러분이 내 건의를 받아들이면 내가 여러분을 도울 능력이 있기 때문이 아닙니다. 그리고 아테나이의 가장 고약한 적은 여러분처럼 전쟁에서 타격을 가하는 자들이 아니라 아테나이의 친구들을 적이 되도록 강요하는 자들입니다. 내가 사랑하는 아테나이는 지금 내게 부당한 짓을 하는 아테나이가 아니라 내가 안전하게 시민으로서의 권리를 누리게 해주던 아테나이입니다. 내가 지금 공격하고 있는 나라는 더는 내 조국으로 보이지 않습니다. 아니, 나는 더는 내 조국이 아닌 조국을 되찾으려는 것입니다. 그리고 진정한 애국자는 조국에서 부당하게 쫓겨났는데도 조국을 공격하기를 망설이는 사람이 아니라, 조국을 사랑하기 때문에 조국을 되찾기 위해 수단과 방법을 가리지 않는 사람입니다.

그러니 라케다이몬인 여러분, 청컨대 여러분은 위험한 일이나 힘든 일에 주저 없이 나를 이용하십시오. 여러분은 내가 아테나이의 실정을 알고 있고 여러분의 사정을 짐작하는 만큼 "최악의 적이 최선의 친구가 된다"는 속담이 내게도 적용된다는 점을 명심하십시오. 여러분은 부디 여러분의 가장 중요한 이해관계가 지금 논의되고 있음을 알고, 시켈리아와 앗티케에 원정군을 파견하기를 망설이지 마십시오. 여러분의 군대 가운데 일부만 시켈리아에 주둔해도 그곳의 주요 도시들을 구할 수 있으며 아테나이의 현재와 미래의 힘을 모두 분쇄할 것입니다. 그러고 나면 여러분은 안전하게 살면서 헬라스 세계 전체의 패권을 쥐게 될 것입니다. 헬라스 세계는 강요에 의해서가 아니라 감사하는 마음에서 자발적으로 여러분을 따를 테니 말입니다."

**니키아스가
아테나이 생존자들에게 한 연설
(7권 77장)**

77  "아테나이인들과 동맹군 여러분,
지금도 우리는 희망을 버려서는 안 되오.
전에 여러분은 이보다 더한 곤경에서도
살아남았소. 여러분은 졌다고 해서, 지금
부당한 고통을 당한다 해서 지나치게
자책감에 시달려서는 안 되오. 나로 말하면
여러분 가운데 어느 누구보다도 체력이
강하지 못하지만(보다시피 나는 병이 들어
허약해졌소), 사생활이나 그 밖의 다른
점에서 누구 못지않게 복 받은 사람으로
여겨졌소. 하지만 나는 지금 여러분 가운데
가장 미천한 자와 같은 곤경에 빠져 있소.
그러나 나는 평생 동안 한결같이 신들에게
헌신적이었고, 한결같이 사람들을
올바르고 공정하게 대했소.
나는 여전히 우리의 미래를 낙관하오.

우리는 이러한 불운을 지나치게 두려워하고 있소. 우리의 불운도 아마 끝날 것이오. 우리의 적들은 너무 운이 좋았소. 우리가 출발할 때 어떤 신의 시새움을 샀다면 우리는 이미 충분히 벌 받았소. 다른 사람들도 전에 이웃들을 공격했지만, 사람이면 저지를 법한 짓을 저지르고 나서 사람이면 견뎌낼 수 있는 고통을 당했소. 신들께서 우리에게 더 자애로워지실 것이라고 바라는 것은 당연하다 할 것이오. 지금 우리는 신들의 시기가 아니라 동정을 살 만하기 때문이오. 그리고 여러분 자신을 보시오, 얼마나 많은 훌륭한 중무장보병이 대열 속에서 함께 행군하고 있는지! 그리고 너무 놀라지 마시오! 여러분이 어디에 정착하든 여러분 자신이 이미 도시이며, 여러분이 일단 정착하면 시켈리아의 어느 도시도 쉽게 여러분의 공격에 맞서거나 여러분을 쫓아내지 못할 것이라는 점을 명심하시오.

여러분은 안전하고 질서 있게 행군하도록 유의하되, 어디에서 전투를 치르건 여러분이 이기는 곳이 곧 조국이요 성벽이 될 것임을 저마다 명심하시오. 우리는 식량이 달려 밤이나 낮이나 서둘러 행군할 것이오. 그리고 일단 우호적인 시켈로이족의 나라에 도착하면 그때는 여러분이 안전하다고 믿어도 좋소(그들은 쉬라쿠사이인들이 두려워 변함없이 우리를 지원해주고 있소). 우리는 그들에게 미리 사람을 보내 우리를 영접하고 더 많은 식량을 가져오라고 일러두었소. 전사들이여, 지금은 용감한 것만이 유일한 선택이라는 점을 명심하시오. 가까이에는 겁쟁이가 달아나 숨을 만한 곳이 어디에도 없기 때문이오. 또 만약 여러분이 지금 적군에게서 벗어난다면, 여러분 가운데 비非아테나이인들은 마음에 그리던 고향에 돌아가게 될 것이고, 여러분 가운데 아테나이인들은 추락한 아테나이의 위대한 힘을 다시 일으켜 세우게 되리라는 점도 새겨두시오. 도시를 만드는 것은 사람들이지, 사람이 없는 빈 성벽이나 함선이 아니기 때문이오."

DATE

DATE

DATE

DATE

DATE | |

DATE

DATE

DATE

DATE / /

DATE

DATE | |